August Kretzschmar

Eine moderne Königin Christine

Die feinen Studenten

August Kretzschmar

Eine moderne Königin Christine
Die feinen Studenten

ISBN/EAN: 9783743301733

Hergestellt in Europa, USA, Kanada, Australien, Japan

Cover: Foto ©ninafisch / pixelio.de

Manufactured and distributed by brebook publishing software
(www.brebook.com)

August Kretzschmar

Eine moderne Königin Christine

Bizarre Geschichten 1.

Von

August Kretzschmar.

Leipzig,
Verlag von E. F. A. T. Rötschke.
1871.

Vorrede.

Wenn man unter dem Ausdruck bizarr das Schroff-Wunderliche versteht, was von der allgemeinen Regel abweicht und etwas gezwungen Eigenthümliches an die Stelle des Herkömmlichen setzt, so wird man finden, daß die Erzählungen, welche wir hier unter dem Gesammttitel „Bizarre Geschichten" zu veröffentlichen beginnen, sich sämmtlich, obschon jede in anderer Weise auf diesem Gebiete bewegen.

Es ist eine bekannte Sache, daß auch die gewöhnlichsten und einfachsten Vorgänge des Menschenlebens dem scharfblickenden und denkenden Beobachter Seiten darbieten, die sich auf eine Weise schildern lassen, welche die

Aufmerksamkeit des Lesers in größerer Span=
nung erhält, als wenn außerordentliche, ja
selbst welterschütternde Ereignisse in einer
breiten langweiligen Manier erzählt werden,
welche die Geduld des Lesers auf die Probe
stellt und sein Interesse erkalten läßt.

Geht hieraus hervor, daß eine geschickte,
packende Darstellung selbst dem Alltäglichen
einen hohen Reiz zu verleihen im Stande ist,
so bedarf es keines Beweises, daß, wenn eine
Lectüre nicht blos in Bezug auf ihren eigent=
lichen Inhalt, sondern auch hinsichtlich der
Darstellung das Prädicat einer fesselnden
verdient, der Leser sich in doppelter Beziehung
befriedigt fühlen wird.

Wir sind bemüht gewesen, eine Anzahl
solcher Erzählungen zu sammeln, und haben
dabei unser Augenmerk noch besonders darauf
gerichtet, daß das Lesen jeder einzelnen keine
lange Zeit in Anspruch nehme, und sie sich so=
nach vorzüglich eignen, dem Reisenden,

dem Geschäftsmann und Jedem, der weder Muße noch Neigung zum Lesen langathmiger Romane hat, einen angenehmen Zeitvertreib zu gewähren.

Den Anfang machen wir mit zwei Novelletten, in welchen ein etwas potenzirter Humor vorwaltet; die das zweite Bändchen bildenden Erzählungen sind tragischen Inhaltes, und so werden wir fortfahren, nach verschiedenen Seiten hin die Abwechselung zu bieten, die für ein solches Unternehmen ein wesentliches Lebenselement ist.

E. F. A. T. Rötschke.

Eine moderne Königin Christine

oder

Wie mancher Mensch zu seinem Glück geprügelt werden muß.

I.

Die verwittwete Steuerräthin Zimmer=
mann in Neuensee — einer hübschen Mittel=
stadt — saß mit ihrer einzigen Tochter Ida
am Fenster.

Der Steuerrath war schon seit zehn
Jahren todt, seine Wittwe bekam aber eine
anständige Pension, auch hatte er ihr einige
Tausend Thaler Vermögen hinterlassen und so
lebte sie mit ihrer Tochter allerdings auf
etwas beschränktem und eintönigem Fuße,
aber doch völlig sorgenfrei.

Doch nein, völlig sorgenfrei ist zu viel
gesagt.

Die Sorge, welche so vielen Menschen=
kindern das Dasein verbittert und erschwert,
die Sorge um des Leibes Nahrung und Noth=
durft, quälte die Steuerräthin freilich nicht,

dafür aber warb sie von einer anderen ge=
martert, die sich mit jedem Tage fühlbarer
machte.

Ida, ihre einzige Tochter, war ein hüb=
sches, gebildetes und auch gutmüthiges Mädchen,
aber dennoch bereits vierundzwanzig Jahr alt
und hatte noch keinen Mann.

Und nicht blos keinen Mann hatte Ida,
sondern nicht einmal einen Freier, einen Be=
werber, Anbeter, Bewunderer, Poussadeur oder
wie man jenes von heirathsfähigen jungen
Damen so werthgeschätzte und oft sehnlich her=
beigewünschte männliche Wesen sonst nennt.

Was der Grund war, daß ein nicht
häßliches, nicht ganz vermögensloses und da=
bei mit vielen Kenntnissen und Fertigkeiten
ausgestattetes Mädchen aus gutem Stande von
der jungen Männerwelt Neuensee's bisjetzt
ganz links liegen gelassen worden war, da=
rüber waren die Meinungen getheilt.

Die Einen behaupteten, Ida habe nicht
Vermögen genug und mache trotzdem hohe
Ansprüche, Andere sagten, sie sei ein wenig
überbildet, sodaß die jungen Männer sich

gewissermaßen vor ihr fürchteten, und noch Andere meinten, es wolle Niemand die alte Steuerräthin zur Schwiegermutter haben, weil diese in der ganzen Stadt und noch ein gutes Stück darüber hinaus als eine Intriguantin ersten Ranges bekannt sei.

Welche Meinung von diesen allen die richtige war und ob die Steuerräthin wirklich das Prädicat einer Intriguantin ersten Ranges verdiente, wird sich aus dem weit ern Verlauf unserer Erzählung ergeben.

Stundenlang saßen Mutter und Tochter mit ihrer Näharbeit oder mit Lectüre beschäftigt an einem bestimmten Fenster ihrer Wohnung, die sich in einem schönen Hause der lebhaftesten Straße der Stadt befand und waren bemüht, in das langweilige Einerlei ihres Daseins dadurch einige Abwechselung zu bringen, daß sie mit einander die Bemerkungen austauschten, wozu ihnen das vor ihren Augen fortwährend wechselnde Schauspiel des bunten Straßenlebens unerschöpflichen Stoff bot.

Die Steuerräthin war sehr kurzsichtig und mußte sich, wenn sie einen entfernten Gegen-

stand genau in's Auge fassen wollte, eines op=
tischen Hülfsmittels bedienen.

Ein solches stand daher in Form eines
wohlconditionirten, stets fertig gestellten Opern=
guckers fortwährend auf dem kleinen Fenster=
tische, an welchem sie mit ihrer Tochter saß,
vor ihr.

Ida, eine Blondine mit graublauen Augen,
besaß die solchen Augen in der Regel eigen=
thümliche vorzugsweise scharfe Sehkraft und
pflegte, so wie sie vom weiten auf der Straße
etwas Besonderes sich nähern sah, ihre Mutter
darauf aufmerksam zu machen.

Diese säumte dann nicht, zu ihrem Opern=
gucker zu greifen und denselben, wie die große
Kanone der Darbanellen, auf das vorüberpas=
sirende Object zu richten.

II.

„Da kommt auch die schöne Christine, wie sie allgemein genannt wird," bemerkte Ida, als sie ein ungemein stattliches, wie eine wohlhabende Bürgerstochter gekleidetes Mädchen die Straße heraufkommen sah.

„Christine Engelmann, die Korbmacherstochter?" fragte die Steuerräthin und griff zugleich nach ihrem Operngucker.

„Ja."

Die Wittwe musterte die Vorübergehende aufmerksam und als sie ihr nicht mehr nachsehen konnte, stellte sie das optische Hülfsmittel wieder auf den Tisch und sagte:

„Ein schönes Mädchen ist sie, das muß ihr der Neid lassen. Ihr blühendes, nobles Gesicht, das schwarze, glänzende Haar und die großen schwarzen Augen können ihren

Eindruck auf Jeden, der sie sieht, nicht ver=
fehlen."

„Gewiß nicht," bestätigte Ida. „Und
dann dieser Gang, diese Haltung! Wenn sie
entsprechende Kleider trüge, könnte man sie
für eine Prinzessin halten."

Die Steuerräthin lächelte und sagte:

„Gewissermaßen ist sie auch eine."

Ida stutzte, sah ihre Mutter mit dem
Ausdruck der Befremdung an und sagte:

„Ich verstehe Dich nicht, Mama."

Die Wittwe schwieg eine Weile und hob
dann wieder an:

„Hast Du die Mutter dieses Mädchens
gekannt?"

„Nein."

„Sehr richtig; Du kannst sie fast nicht
gekannt haben, denn sie ist schon seit siebzehn
bis achtzehn Jahren todt und wenn Du sie in
Deiner Kindheit auch gesehen hast, so hast Du
sie doch natürlich schon längst wieder ver=
gessen. Aber den Vater kennst Du wohl?"

„Den Korbmacher Engelmann? Allerdings
den kenne ich recht gut. Ich habe ja schon

mehrmals Einkäufe bei ihm gemacht und bin auch ein paarmal in seiner Werkstatt gewesen, um schadhaft gewordene Korbsachen ausbessern zu lassen."

„Nun, sieht dieser Mann wol aus wie der Vater einer solchen Tochter?" fragte Ida's Mutter weder.

Die Gefragte lachte und antwortete:

„Nein, so sieht er allerdings nicht aus. Er ist klein, unansehnlich, hat rothborstiges Haar und watschelt dabei auf eine Weise, welche ohne Lachen nicht anzusehen ist. Aber —"

„Nun aber?" wiederholte die Steuerräthin, als ihre Tochter stockte.

„Es ist doch," fuhr Ida fort, „sehr häufig der Fall, daß die Kinder den Eltern geistig wie körperlich nicht nachgerathen. Man sieht das in den Familien aller Stände, warum nicht auch in der eines Korbmachermeisters?"

„Da hast Du ganz recht, liebes Kind; hier aber ist der Abstand ein so gewaltiger, daß man nothwendig auf allerhand Vermuthungen kommen müßte, auch wenn das eigentliche Sachverhältniß nicht so ziemlich allgemein bekannt wäre."

„Allgemein bekannt? Ich habe noch nichts davon gehört."

„Nun ja, Du kommst außer mit mir nicht mit vielen anderen Leuten zu sprechen und ich habe Dir, so oft wir auch dieses Mädchen seit Jahren hier vorbeigehen gesehen haben, von dem, was man sich über die Herkunft desselben erzählt, immer noch nichts sagen wollen. Es ist eine delicate Sache, die man mit einem Kinde nicht wol besprechen kann; nun aber —"

„Nun aber," unterbrach Ida ihre Mutter lächelnd, „meinst Du, ich sei kein Kind mehr und könne schon etwas hören."

„So ist es," bestätigte die Steuerräthin mit einem Seufzer. „Du bist nun vierundzwanzig Jahr alt und könntest längst Gattin und Mutter sein, wenn — wenn —"

„Wenn mich einer hätte haben wollen," ergänzte die Tochter wieder lächelnd. „Laß das doch gut sein, Mutter, und mache Dir darüber keinen Kummer. Ich habe ja noch nichts versäumt und bekomme ich wirklich keinen Mann, so müssen wir denken, daß es so zu meinem Besten ist. Doch Du wolltest mir ja von der schönen Christine erzählen."

III.

Die Steuerräthin schlug sich die Gedanken, von welchen sie ohnehin oft genug beläſtigt ward, vor der Hand aus dem Sinn und sagte:

„Ja, Ida, ich will Dir von der ſchönen Chriſtine erzählen. Ihre Mutter, die ich vorhin erwähnte und auf welche Du Dich nicht mehr beſinnen kannſt, war eine beinahe ebenſo ſtattliche Figur, nur hatte ſie nicht dieſelben noblen Züge, ſondern ſah weit ordinärer aus. Sie war das Kind ganz armer und gewöhnlicher Eltern und diente, nachdem ſie bei mehreren andern Herrſchaften geweſen, zuletzt oben auf dem fürſtlichen Schloſſe. Hier richtete der junge Prinz Emil, ein Sauſewind, der nun auch ſchon ſeit mehreren Jahren todt iſt, ſein Augenmerk auf ſie, fand jedenfalls keinen

sonderlichen Widerstand gegen seine Wünsche
und die natürliche Folge war, daß die un=
ebenbürtige Geliebte Knall und Fall das
Schloß verlassen mußte. Der Prinz handelte
an ihr so nobel, wie vornehme Herren in solchen
Fällen zu handeln pflegen, das heißt, er schenkte
ihr ein tüchtiges Stück Geld, und für dieses
kaufte sie sich einen Mann, der sie schnell hei=
rathete und das Kind, welches sie ihm bald
nach der Hochzeit schenkte, als das seine aner=
kannte."

„Und lebten diese beiden Leute glücklich
miteinander?" fragte die Tochter der Steuer=
räthin.

„Ja wol, sehr glücklich, so viel ich weiß.
Der Korbmachermeister Engelmann ist, so häß=
lich er auch aussieht, doch ein sehr ordentlicher,
fleißiger und thätiger Mann, der sich jetzt in
ganz guten Verhältnissen befindet. Dies wäre
ihm aber vielleicht nicht, oder nicht so schnell
gelungen, wenn ihn seine Frau nicht durch das
Geld des Prinzen in den Stand gesetzt hätte,
gleich etwas Ordentliches in sein Geschäft zu

stecken und es mit Nachdruck und Vortheil zu betreiben."

„Und dafür," bemerkte Ida, „war er ihr wahrscheinlich ebenso dankbar, wie sie ihm da= für, daß er sie zu einer ehrlichen Frau gemacht hatte, nicht wahr?"

„Ja wol. Sie lebten sehr gut zusammen und als sie starb, betrauerte er sie aufrichtig. Auch hat er nicht wieder geheirathet."

„Und gegen das Kind, welches seinen Namen führt, aber nicht das seine ist, hat er sich auch gut und liebevoll gezeigt?"

„Ja, und zwar nicht blos gut und liebe= voll, sondern auch gewissermaßen ehrerbietig Er sieht in ihr fortwährend die Prinzessin und betrachtet es als eine große Herablassung, daß sie nun, nach dem Tode ihrer Mutter und nachdem sie herangewachsen, sein Hauswesen leitet und sich allen Verrichtungen unterzieht, welche eine solche Aufgabe mit sich bringt."

„Weiß sie denn, daß sie nicht die wirkliche Tochter ihres nominellen Vaters ist?" fragte Ida.

„Höchstwahrscheinlich. Wenn es ihre Mut=
ter nicht schon selbst gesagt hat, so hat sie es,
nachdem sie groß geworden, jedenfalls doch von
dem gutmüthigen Engelmann gehört, der es
in seiner strengen Ehrlichkeit gewißlich für
seine Pflicht gehalten hat, ihr die Wahrheit zu
sagen."

„Er scheint ihr auch eine gute Erziehung
gegeben zu haben."

„Ja wol. Sie soll, wie ich von mehrern
Seiten gehört, eine sehr gute Schulbildung be=
sitzen und in dieser Hinsicht vor andern Bür=
gers= und Handwerkerstöchtern viel voraus
haben."

„Dann wird sie sich aber in ihren gegen=
wärtigen Verhältnissen nicht recht wol fühlen,
sondern höher hinaus wollen," meinte Ida.

„Das soll nicht der Fall sein, wenigstens
soll sie mit dem ersten Gesellen ihres Vaters,
einem netten, jungen Manne, so gut wie halb
und halb verlobt sein."

„Daraus," setzte Ida hinzu, „würde aller=
bings hervorgehen, daß sie auch wie ihre Mutter

nichts weiter zu werden gedenkt oder wünscht,
als eine Frau Korbmachermeisterin."

Die Steuerräthin wollte hierauf wieder
etwas entgegnen, ward aber durch den Einttitt
ihrer Dienerin unterbrochen, die ihr einen
soeben vom Briefträger gebrachten Brief über=
reichte.

IV.

„Wol von Tante Springer in Kalten=
born?" fragte Ida, während ihre Mutter, nach=
dem sie einen Blick auf Adresse und Siegel ge=
worfen, das Couvert des Briefes aufschnitt.

„Ja," antwortete die Steuerräthin. „Das
ist ja so ziemlich die einzige Person, mit wel=
cher wir in Briefwechsel stehen. Da lies."

Mit diesen Worten reichte sie ihrer Toch=
ter den aus dem Couvert gezogenen Brief. Die
Tante Springer schrieb eine sehr „finzlige"
Hand und das Lesen derselben würde der
Steuerräthin in Anbetracht ihrer schwachen
Augen zu viel Mühe gemacht haben.

Ida schlug den Brief auseinander und
sagte:

„Ich bin neugierig, was die Tante heute
schon wieder zu melden hat. Sie schreibt sonst

regelmäßig alle vier Wochen, diesmal aber sind, seitdem wir ihren letzten Brief erhielten, erst vierzehn Tage vergangen."

Die Steuerräthin machte eine ärgerliche Miene und entgegnete:

„Ach, was wird es denn weiter sein, als der gewöhnliche Kohl über ihre Kränklichkeit und über die dummen Streiche, die ihr Herr Sohn fortwährend macht. Sie weiß vor Langerweile nicht, was sie beginnen soll, und verfällt dann gewöhnlich auf die unglückliche Idee, auch einmal außer der Zeit an uns zu schreiben. Na, lies nur, Ida; wir werden ja hören."

Die Tochter der Steuerräthin begann sofort mit dem Vorlesen des Briefes, welcher folgendermaßen lautete:

„Liebe Adelgunde,

„Du wirst Dich wundern, heute, schon vierzehn Tage vor der gewöhnlichen Zeit, wieder einen Brief von mir zu bekommen; ich habe aber eine ganz besondere Veranlassung dazu:

„Der Sohn meiner theuren Freundin, der verwittweten Amtscommissar Weinert, wird nächstens nach Neuensee kommen, um in dem

Geschäft der Herren Brenner und Comp. eine
Zeit lang als Volontär thätig zu sein.

„Dieser junge Mann ist ein Schulkamerad
und Freund meines Fritz und ebenso wie dieser
ein Lusticus, der es in manchen Beziehungen
noch ein wenig toller getrieben hat als mein
Sohn, und zwar aus dem einfachen Grunde,
weil er von seiner Mutter weit mehr Geld be=
kommen hat, als Fritz von mir.

„Ursprünglich zum Juristen bestimmt, ist
er doch schon im ersten Jahre von der Univer=
sität fortgelaufen und hat Offizier werden wollen.
Die Vorbereitungen hierzu sind aber wahrschein=
lich auch nicht nach seinem Geschmack gewesen,
denn er hat nochmals umgesattelt und will nun
Kaufmann werden. Damit ist seine Mutter
vollkommen einverstanden und sie will ihm, nach=
dem er sich die nöthigen praktischen Kenntnisse
erworben hat, gern die Mittel zur Begründung
eines eigenen Geschäfts gewähren.

„Dabei ist sie aber fest überzeugt, daß er
nicht eher ein guter, solider Geschäftsmann
werden wird, als bis er sich in den Händen
einer verständigen Frau befindet, die es ver=

steht, seinem Hange zu einer unregelmäßigen
Lebensweise Einhalt zu thun und ihm Geschmack
an häuslichem Glück beizubringen.

„Eine solche Frau würde, wie die Mutter
des jungen Mannes glaubt, Deine Ida sein,
die sie vergangenen Sommer, als Ihr beide hier
bei mir auf Besuch waret, kennen gelernt hat,
und ich bin mit ihr hierin vollkommen einver=
standen.

„Ida mit ihrem ruhigen verständigen
Wesen würde ganz gewiß den heilsamsten Ein=
fluß auf den jungen Mann ausüben und —
gegenseitige Zuneigung vorausgesetzt — ein
glückliches Leben mit ihm führen.

„Ich habe deshalb dem Wunsche der be=
sorgten Mutter entsprochen und ihrem Sohn
einen Einführungs= und Empfehlungsbrief an
Dich mitgegeben. Du wirst ja sehen, wie er
Dir und Deiner Ida gefällt, und dann wird
sich das Weitere finden."

Nachdem so der Hauptzweck des Briefes
erledigt war, erging sich Tante Springer ge=
wohntermaßen noch in einer Reihe von Jere=
miaden über ihre fortwährend schwächliche Ge=

sundheit und die Noth, die sie mit ihrem ei=
genen leichtfertigen Sohne hätte — Themata,
welche mit unserer Erzählung in keinem engern
Zusammenhange stehen und womit wir daher
dem Leser nicht weiter lästig zu fallen brauchen.

Natürlich gab dieser Brief, der einmal et=
was so ganz Außerordentliches enthielt, der
Adressatin und ihrer Tochter reichen Stoff zu
einer langen Unterredung, deren Resultate sich
aus dem weiteren Verlaufe unserer kleinen Ge=
schichte von selbst ergeben werden.

V.

Es waren nach dem in Vorstehendem mit=
getheilten Gespräch zwischen der verwitteten
Steuerräthin und ihrer Tochter drei oder vier
Tage vergangen, als aus dem Hause, in wel=
chem die beiden wohnten, ein eleganter junger
Mann heraustrat.

Es war jetzt gegen elf Uhr vormittags
und der junge Mann trug schwarzen Frack und
weiße Glacehandschuhe, was vermuthen ließ,
daß er eine sogenannte Staatsvisite „geschnit=
ten" hatte.

Dem war auch in der That so, denn der junge
Mann war in der That kein anderer als
Arthur, der sitzengebliebene Jurist, von der
Pfanne gebrannte Offizier und angehende Kauf=
mann, der Sohn der Amtscommissarin Weinert
in Kaltenborn, die so bemüht war, ihn in das

ruhige Fahrwasser eines soliden Lebens zu bringen.

Er hatte soeben den Empfehlungsbrief, den ihm die Freundin seiner Mutter mitgege=ben, überreicht und von der Steuerräthin die Erlaubniß erhalten, seine Besuche zu wieder=holen.

Arthur war ganz geeignet, auf den ersten Anblick einen vortheilhaften Eindruck zu machen

Groß und wohlgewachsen, besaß er ein munteres, offenes, hübsches Gesicht, zutrauliche braune Augen und langlockiges Haar von derselben Farbe.

Dabei war sein Benehmen, wie sich von einem jungen Mann, der sich schon in verschiedenen Lebensstellungen bewegt, nicht anderes zu er=warten stand, ein ungemein gewandtes und sicheres.

Ließ sich hiernach erwarten, daß sein Be=such bei der Wittwe und deren Tochter eine beifällige Aufnahme gefunden hatte, so ging aus der Miene, die sein Gesicht jetzt zeigte, her=vor, daß auch er mit dem Empfang, den er gefunden, und mit dem, was er dabei zu sehen

und zu hören bekommen, vollkommen zufrieden
war.

„Ja," murmelte er, als er so das Trottoir
entlang ging, bei sich selbst, „das Mädchen
könnte mir gefallen. Sie ist zwar nicht mehr
ganz jung, aber doch nicht älter als ich! sie ist
nicht schön, aber auch durchaus nicht häßlich,
und die Gutmüthigkeit steht ihr im Gesicht geschrieben. Ich schien ihr auch nicht zu miß-
fallen und warum sollte ich auch? Habe ich bei
so vielen mein Glück auf unsolide Weise gemacht, so kann ich es ja auch einmal bei einer
in rechtlicher Weise machen. Uebrigens ist es
bei mir auch die höchste Zeit, daß ich einmal
ordentlich werde und meiner guten Mutter
keinen Kummer mehr mache. Ja, ja; ich will
mir Mühe geben, den Kaufmannsschwindel so
schnell als möglich zu erlernen, dann mich
etabliren und dieses gute Mädchen heirathen.
So wird es und dabei bleibt es!"

Eben als Arthur in dieser Weise sein
Selbstgespräch beendete, bog er um die Ecke der
Straße und wäre beinahe mit einem jungen

Mädchen zusammengerannt, welches von der
andern Seite kam.

Wir haben dieses Mädchen bereits einmal
vom Fenster der Steuerräthin aus gesehen und
erkennen in ihr daher sofort die schöne Chri=
stine, die Pseudotochter des ehrlichen Korbmacher=
meisters Engelmann.

Daher wundern wir uns auch nicht, daß
Arthur, nachdem Christine ihn mit halb zür=
nenden Blickg emessen und mit stolzem Schritt an
ihm vorübergegangen war, betroffen stehen blieb
und der sich Entfernenden nachschauete.

„Aber das nenne ich eine Schönheit!"
murmelte er dann. „Wer muß das denn sein?
Eine Königstochter, die in Bürgermädchenco=
stüm in den Straßen umherwandelt, um das
Volksleben kennen zu lernen? So etwas Aehn=
liches muß sie sein! Wenn ich es aber gewiß
wissen will, so kann ich nichts Klügeres thun
als ihr nachschleichen."

Arthur, der sonst in allen Dingen sehr
saumselig und nachlässig war, entwickelte da=
gegen, so bald es sich um Liebesabenteuer und

dergleichen handelte, eine ganz erstaunliche
Energie und Beharrlichkeit.

Demgemäß begann er auch jetzt sofort der
schönen Erscheinung zu folgen, und der Entschluß,
den er vor wenigen Augenblicken gefaßt, äußerte
jetzt nur noch insofern Einfluß auf ihn, als er
sich beim Wiederpassiren des Hauses, in wel=
chem die Steuerräthin wohnte, dicht an der
Wand hindrückte, um weder von Ida noch von
deren Mutter bemerkt zu werden.

VI.

Wieder waren einige Wochen vergangen und das Verhältniß, welches von der Freundin der Mutter Arthur's zwischen ihm und Ida angebahnt worden, schien sich auf die gedeihlichste Weise zu entwickeln.

Regelmäßig zweimal wöchentlich fand der junge Mann sich bei der verwittweten Steuerräthin ein, und diese konnte sehr bald mit gutem Gewissen und der Wahrheit gemäß ihrer Verwandten in Kaltenborn berichten, daß aller Grund vorhanden sei, zu hoffen, das von Arthur's Mutter so innig gewünschte Ehebündniß werde glücklich zu Stande kommen.

Wäre freilich die gute Frau Ohrenzeugin des Gesprächs gewesen, welches an demselben Tage, wo ihr diese Mittheilung gemacht ward,

3*

in der Werkstatt des Korbmachermeisters Engelmann in Neuensee stattfand, so würden die in
ihr erweckten Hoffnungen bedeutend wieder
herabgestimmt worden sein.

Meister Engelmann war mit seinen beiden
Lehrburschen auf eins der nächsten Dörfer gegangen, um eine dort erkaufte größere Partie
Weidenruthen aufzuladen und nach der Stadt
zu bringen.

Es war daher in der Werkstatt Niemand
weiter zugegen, als die drei Gesellen, die nach
Handwerksgebrauch nach ihren beziehentlichen Hei-
mathsorten und folglich der „Stralsunder", der
„Leipziger" und der Weimaraner" genannt
wurden.

Der erstere, den wir schon von der Steuerräthin als einen „netten jungen Mann" bezeich-
nen gehört, stand schon seit beinahe drei Jahren
bei Meister Engelmann in Arbeit, während
seine beiden Kameraden erst im Laufe des letztvergangenen Jahres eingetreten waren.

Es herrschte zwischen allen dreien ein sehr
gutes Einvernehmen und der Leipziger und

der Weimaraner betrachteten den Stralsunder gewissermaßen als eine Art Vicemeister.

Dies hatte nicht blos darin seinen Grund, daß der Stralsunder sowol der Anciennität in der Werkstatt nach, als auch überhaupt der älteste Geselle war und als solcher in manchen Beziehungen den Meister vertrat, sondern auch darin, daß dieser ihn als seinen künftigen Schwiegersohn betrachtete.

Ja, der Stralsunder war der Glückliche, der nicht blos das schön angebrachte und sich noch immer umfangreicher gestaltende Geschäft des Meisters übernehmen und fortführen, son= dern auch die von der ganzen Stadt bewun= derte schöne Christine sein Weib nennen sollte.

An dem Tage jedoch, wo wir jetzt die Korbmacherwerkstatt betreten, schien der so vielfach beneidete Obergesell nicht bei der frohen Laune zu sein, die man bei einem vom Glück so begünstigten jungen Manne voraussetzen sollte.

Statt daß er sonst bei der Arbeit fröhlich sang oder pfiff, oder mit seinen Nebengesellen

munter plauderte, war er heute still und in
in sich gekehrt und gab kaum einen Laut
von sich.

Es war dies um so auffallender, als gerade in der Abwesenheit des Meisters und der
beiden Lehrburschen für die drei Gesellen eine
Aufforderung lag, diese Gelegenheit zu recht
ungestörter und ungenirter Unterhaltung nicht
unbenutzt zu lassen.

Der Weimaraner war eine etwas schwerfällige thüringer Natur, der es nicht darauf
ankam, einmal gleich vier, fünf Stunden hin-
tereinander nicht den Mund aufzuthun.

Hätte dagegen der Leipziger auch nur
eine Stunde lang in völligem Schweigen ver-
harren sollen, so wäre er ganz gewiß noch vor
Ablauf derselben todt von der Werkbank ge-
stürzt.

„Aber zum Himmelement," unterbrach er
daher plötzlich das Schweigen, welches seit einer
halben Stunde seine absolute Herrschaft übte,
„was ist denn heute mit Euch? Von Dir, Du
weimar'scher Duckmäuser, ist man es freilich
gewohnt, Dich dasitzen zu sehen, als ob Du

nicht Meff sagen könntest, daß aber auch Du,
Stralsunder, so still bist, das muß seine beson=
dern Gründe haben."

Der Stralsunder blickte von dem kunst=
vollen Geflecht, welches er zwischen den Knieen
hielt, auf, seufzte und sagte:

„Ja, die hat es allerdings."

„So, nun so sprich Dich darüber aus,
dann wird es Dir vielleicht etwas leichter
um's Herz, und wer kann wissen, ob man
Dir nicht einen guten Rath geben kann."

Es war nicht blos Neugier, was den
Leipziger bewog, so zu sprechen. Er war
wirklich eine „gute Haut", wie man zu sagen
pflegt, und von dem aufrichtigen Wunsch be=
seelt, seinem Freund und Nebengesellen mit
Rath und That, dafern es in seinen Kräften
stünde, beizustehen.

Der Stralsunder wußte das und da es
ihm wirklich Bedürfniß war, seinem schwerbe=
drückten Herzen ein wenig Luft zu machen, so
säumte er auch nicht weiter, der Aufforderung
des Leipzigers und seinem eigenen Drange zu
folgen.

Daß auch der „Duckmäuser," der Weima=
raner, trotz seiner Schweigsamkeit, sich für das,
was er, der Stralsunder, zu sagen im Begriff
stand, interessiren und aufmerksam zuhören
würde, davon war er ebenfalls im Voraus
überzeugt.

VII.

„Ihr wißt," hob der Stralsunder an „daß ich alle Aussicht hatte, einmal, wenn auch nicht noch in diesem Jahr, unsere schöne Meisters- tochter zur Frau zu bekommen."

„Ja freilich!" sagte der Leipziger. „Hast Du denn diese Aussicht nicht noch?„

„Leider muß ich diese Frage mit Nein beantworten."

„Aber," fuhr der Leipziger fort, „ich habe doch in dem Benehmen unsers Meisters gegen Dich nicht die geringste Veränderung bemerkt, und auch Christine ist, wie ich alle Tage beim Mittagsessen sehe, immer noch so freundlich gegen Dich wie sonst."

Der Obergeselle seufzte wieder und ent- gegnete:

„In Bezug auf den Meister hast Du Recht,

Leipziger; dieser ist immer noch der Alte gegen
mich und wird es auch bleiben. Mit Christine
dagegen ist in ihrem Benehmen gegen mich seit
einiger Zeit eine große Veränderung vorgegan=
gen, die Du, Leipziger, blos deshalb nicht
bemerkst, weil Du das Mädchen nicht liebst."

„Das kann wohl sein," gab der Leipzi=
ger zu. „Ihr Verliebten seht mit ganz an=
dern Augen als Menschen wie ich, denen die
Liebe so zu sagen noch ein böhmisches Dorf ist."

„Ach," fuhr der Stralsunder fort, „ich
wollte beinahe, mir wäre sie auch eins geblie=
ben, denn wenn das, was ich fürchte, in Er=
füllung geht, wenn Christine sich von mir ab=
wendet, um einen Andern zu heirathen, so
mag ich vom ganzen Leben nichts mehr wissen
und schneide mir mit dem Schnitzer die Puls=
adern auf oder springe in's Wasser."

Eine so verzweifelte Aeußerung verfehlte
selbst auf den dickhäutigen Weimaraner ihren
Eindruck nicht, obschon er nichts sagte, son=
dern blos, ohne von seiner Arbeit aufzu=
blicken, den Kopf schüttelte und vor sich hin=
grunzte.

Das war bei ihm schon viel.

Der Leipziger dagegen beschränkte die Kund=
gebung seiner Theilnahme nicht auf dergleichen
unarticulirte Laute, sondern sagte:

„Aber, lieber Stralsunder, ich bitte Dich
um drei gute Groschen, was hat denn Christine
so plötzlich auf andere Gedanken gebracht?
Hat sie Einen kennen gelernt, der ihr besser
gefällt als Du?"

„Ja, so scheint es," antwortete der Ober=
gesell. „Ganz genau bin ich selbst noch nicht
von der Sache unterrichtet, eine Nachbarin
aber hat mir verrathen, daß Christine seit ei=
niger Zeit zuweilen des Nachmittags, während
ihr Vater hier bei uns in der Werkstatt ist,
hinten im Garten über das Pförtchen hinweg
mit einem jungen Herrn spricht, der sehr ele=
gant und vornehm gekleidet ist. Dieser macht
ihr jedenfalls den Hof und gefällt ihr, denn
seit dieser Zeit geht sie mir absichtlich aus dem
Wege und meidet jede Gelegenheit, mit mir
allein zusammenzutreffen."

„Das sieht freilich verdächtig aus," meinte
der Leipziger. „Aber Christine kann Dir doch

nicht so ohne Weiteres den Handel aufkündi=
gen, denn ihr Vater hat jedenfalls auch ein
Wort mit hineinzureden."

Der Stralsunder machte eine Geberde,
welche wahrscheinlich Hoffnungslosigkeit aus=
drücken sollte, und sagte:

„Ach, lieber Freund, Du weißt ja, daß
der Meister stets das will, was Christine will.
Er hat sie mir zum Weibe versprochen, weil er
gesehen, daß sie mich nicht ungern hat. So=
bald sie ihm aber sagt, daß sie nicht mehr
mich, sondern einen Andern wolle, wird er,
wenn auch mit Bedauern, sein mir gegebenes
Wort wieder zurücknehmen, und der Stral=
sunder kann dann gehen, wo er hergekom=
men ist."

Nachdem der arme Schelm dies gesagt,
ließ er den Kopf auf die Brust herabsinken und
es fehlte nicht viel, so hätte er angefangen zu
weinen.

Er bezwang sich jedoch und suchte, wie
viele Menschen, die sich ihrer weicheren Regun=
gen schämen, zu thun pflegen, sich mit Gewalt
in eine andere Stimmung zu versetzen.

Das Mittel dazu fand er in dem Ge=
danken an seinen Nebenbuhler, den er bisjetzt
nur erst vom Hörensagen kannte.

Er ergriff den neben ihm auf der Werk=
bank liegenden Schnitzer, schwang denselben
drohend und sagte:

„Ha, wenn ich diesen Buben unter die
Hände kriegte, ich glaube, ich ermordete ihn!"

„Na, na," sagte der Leipziger, der, wie
die Kirche, kein Freund von Blutvergießen
war, „so toll wirst Du es nicht machen, Stral=
sunder! Eine tüchtige Tracht Hiebe aber könnte
dem Bengel nichts schaden und ich würde mit
Vergnügen sie ihm verabreichen helfen. Nicht
wahr, Weimaraner, Du würdest Dich dabei
auch betheiligen?"

Der Dickhäuter sagte, seiner Gewohnheit
gemäß, nichts, wohl aber faßte er die lange
Weidenruthe, mit deren Abschälen er eben
beschäftigt war, in die rechte Hand und führte
damit über das Polster eines in der Nähe
stehenden alten Lederstuhles nacheinander drei
Hiebe, daß die Staubwolken hoch in die
Höhe wirbelten.

Dieselben hatten sich noch nicht völlig verzogen, als der Wagen mit der frischen Weidenruthenladung in den Hof herein fuhr, und die drei Gesellen nun hinausmußten, um dem mit seinen Lehrlingen plötzlich zurückgekehrten Meister beim Abladen behülflich zu sein.

———

VIII.

Fritz Springer, der Sohn einer Fabrikan=
tenwittwe in Kaltenborn, war ein hübscher
junger Mann, der nur einen Fehler hatte,
nämlich den, ein fast vollständiger Taugenichts
zu sein.

Von Grund aus verzogen, gab er auch
nicht die mindeste Hoffnung, daß einmal etwas
Besseres aus ihm werden würde, und sein Zu=
standsvormund hatte sich daher schon vorge=
nommen, nach dem Tode der Mutter das un=
verbesserliche Söhnchen in eine Versorgungs=
anstalt bringen zu lassen.

Mittlerweile lebte Fritz im Hause seiner
Mutter, that gar nichts und hatte jetzt nicht
einmal mehr, wie in den letztvergangenen
Monaten, die Gesellschaft seines Freundes und
Schulkameraden Arthur, der, wie wir gesehen

haben, den ernsten Entschluß gefaßt hatte, den inständigen Bitten seiner Mutter nachzugeben und ein thätiger Geschäftsmann und gesetzter Familienvater zu werden.

Sein einziger Zeitvertreib war die Lectüre seichter oder auch frivoler Romane und der Briefe, die ihm sein Freund, vermuthlich aus Mitleid mit seiner Langweile, dann und wann von Neuensee schrieb.

„Ha, ha, ha!" lachte er, als er eines Tages wieder einmal einen Brief von Arthur erhalten und gelesen hatte. „Es ist und bleibt doch ein Teufelskerl! Wie beneide ich ihn um das lustige Leben, welches er führt, während ich hier zu Hause hocken und an den Nägeln kauen muß. Freilich aber ist er auch reich und meine Mutter hat nur so viel als sie braucht, um mit mir eben leben zu können."

Der hoffnungsvolle junge Mann las den Brief seines Freundes noch einmal durch, legte ihn dann neben sich auf das Sofa, auf dem er saß, und sagte:

„Sehen möchte ich sie einmal, diese schöne Korbmacherstochter, mit welcher er, wie er hier

in seinem Briefe sagt, die letzte Liebesintrigue
spielen will, ehe er sich mit meiner Cousine
in's Ehejoch spannen läßt. Es muß nach
seiner Schilderung ein Prachtmädchen sein, die
es schon werth ist, daß ein feiner Kerl wie
Arthur sich einen kleinen Spaß mit ihr macht."

Fritz ward in seinem Alleingespräch durch
nahende Tritte unterbrochen und hatte eben
nur noch Zeit, den Brief, den er neben sich
gelegt, unter eins der Sofakissen zu schieben.

Er kannte die Tritte der Person, die sich
näherte, und wußte, daß diese, wenn sie
den Brief sähe, den Inhalt desselben zu er=
fahren verlangen würde.

Die Eintretende war nämlich seine Mutter,
eine kleine, hagere, fortwährend kränkliche Frau,
die in fast ununterbrochener reizbarer Stim=
mung war.

Freilich, wer ihre Lebensgeschichte kannte
und wußte, was sie mit ihrem nun schon lange
verstorbenen Gatten und ihrem leider noch am
Leben befindlichen Sohn durchgemacht, der
konnte sich über ihre Kränklichkeit und Reiz=
barkeit nicht wundern.

4

„Aber, Fritz," rief sie als sie ihren Sohn erblickte, „was machst Du denn hier in diesem Zimmer? Hab' ich Dir nicht gesagt, daß es frisch gesäubert und aufgeräumt ist und daß Du es nicht betreten sollst? Wo Du hin= kommst, da ist am längsten Ordnung gewesen! Gleich mach', daß Du hinauskommst!"

Der wohlgerathene Sohn erhob sich lang= sam und sagte:

„Ach ja, Tante Zimmermann kommt ja heute von Neuensee und dieses ist allemal ihr Zimmer, wenn sie bei uns ist. Du hattest es mir gestern gesagt, Mama, ich hatte es aber wieder vergessen.

„Ja, ja," fuhr die Fabricantenwittwe in ihrem ärgerlichen Tone fort, „wie Du alles vergissest, was Du merken sollst, und nichts merkst, als was Du lieber vergessen solltest. Also vorwärts, hinaus!"

„Kommt denn Cousine Ida diesmal auch wieder mit?" fragte Fritz.

Er hätte diese Frage eigentlich nicht zu thun gebraucht, denn seine Mutter hatte ihm gestern bei der Mittheilung über den bevor=

stehenden Besuch der Tante Steuerräthin auch
gesagt, daß Ida diesmal nicht mitkommen
würde, und übrigens war es ihm auch höchst
einerlei, ob er blos seine Tante zu sehen be-
käme oder auch zugleich seine Cousine.

Er that die Frage vielmehr blos, um
Zeit zu gewinnen und den unter dem Sofakissen versteckten Brief wieder hervorzuescamo-
tiren, damit er nicht seiner Mutter in die
Hände fiele.

Er wußte, daß, sobald er das Zimmer
verlassen hätte, seine Mutter die durch ihn
darin verursachte kleine Unordnung wieder be-
seitigen und namentlich die Kissen des Sofas
wieder in ihre normale Lage bringen würde.

Dann aber war die Entdeckung des Briefs
unausbleiblich.

„Nein, Ida kommt nicht mit," antwortete
die Mutter auf die Frage ihres Sohnes.
„Tante Zimmermann kommt, um mit der
Amtscomissärin ordentlich über das Heiraths-
project zwischen Arthur und Ida zu sprechen.
Die glückliche Amtscomissärin! Sie hat nun
endlich die Freude, zu sehen, daß ihr Sohn

sich von allen seinen schlimmen Seiten losge=
macht hat und an der Hand eines tugendhaf=
ten Mädchens blos noch den Pfad wandelt,
welcher allein zum Heil führt."

Friz hätte, wenn er gewollt hätte, seiner
Mutter schriftlich beweisen können, daß die
moralische Wiedergeburt seines Freundes Ar=
thur zur Zeit noch keine unbedingt verbürgte
war.

Er fand es indessen unter den obwalten=
den Umständen gerathener, seine Mutter bei
ihrem Glauben zu lassen.

Auch hatte er gar nicht Zeit, sie darin
wankend zu machen.

Ehe er noch den Mund zu einer Entgeg=
nung aufthun konnte, trat durch die von seiner
Mutter offengelassene Thür der erwartete Be=
such schon herein.

Die Steuerräthin hatte die Reise von
Neuesnee nach Kaltenborn diesmal in ganz un=
gewöhnlich kurzer Zeit zurückgelegt und war
daher ein paar Stunden eher angelangt, als
man sie erwartet hatte.

Natürlich nahm sie von dem alten be=

kannten Zimmer sofort Besitz und warf einen
Theil ihrer Reisegewänder und andere ihr zu-
gehörige Dinge auf Sofa und Stühle.

Fritz sah ein, daß er unter solchen Umständen den versteckten Brief seinem Schicksal
überlassen müsse, nahm sich aber vor, sich
während des nahe bevorstehenden Mittags-
mahles wieder in das Zimmer zu schleichen.

Vielleicht hatte Tante Zimmermann den
Brief bis dahin noch nicht entdeckt und Fritz
konnte denselben wieder unbemerkt an sich
nehmen.

Leider aber sprach der hoffnungsvolle
junge Mann bei Tische der Weinflasche so
übermäßig zu, daß er in seinem Rausche gar
nicht wieder an den Brief dachte.

Als er aus seinem langen Nachmittags-
schlaf erwachte, fiel ihm allerdings ein, was
er gleich nach Tische oder noch während der
Mahlzeit hatte thun wollen, und er begab sich
nun schleunigst nach dem Zimmer der Tante,
die sich in diesem Augenblick mit seiner Mutter
bei der Amtscomissärin befand.

Das Zimmer war aber verschlossen; auch

während des noch übrigen Tages fand Fritz
keine Gelegenheit, das Versäumte nachzuholen,
und als er am nächstfolgenden Morgen spät
das Bett verlassen hatte und zum Frühstück
kam, fand er, daß die Tante Steuerräthin
schon seit mehreren Stunden wieder abge=
reist sei.

Nun verlor er keine Zeit, sich hinauf in
das von ihr innegehabte Zimmer zu begeben.

Bei seinem Eintritt in dasselbe fand
er das Stubenmädchen mit Aufräumen be=
schäftigt,

Er schaute sofort hinter das betreffende
Sofakissen.

Der Brief war weg.

„Sie suchen wohl die Papiere, welche die
Frau Steuerräthin auf dem Sofa hatte liegen
lassen?" sagte das Mädchen ungefragt.

„Ja, wo hast Du sie hingethan?"

„Ich habe sie alle zusammen in den Ofen
gesteckt," antwortete das Stubenmädchen. „Es
war lauter Maculatur."

Fritz schauete in den Ofen hinein. Es
lagen nur noch einige glimmende Kohlen darin

und von den hineineingeworfenen Papieren war keine Spur mehr zu sehen.

Der junge Mann fand es am bequemsten, anzunehmen, daß Arthur's Brief, ohne von seiner zukünftigen Schwiegermutter bemerkt worden so sein, mit der übrigen „Maculatur" in den Ofen gewandert und somit vernichtet sei.

Deshalb schlug er sich die ganze Geschichte aus dem Sinn und dachte nicht weiter daran.

———

IX

Hinter dem Hause des Korbmachermeisters Engelmann befand sich ein hübscher Garten mit einem niedlichen, obschon einfachen Pavillon.

In diesem pflegte die schöne Christine des Nachmittags bei schöner warmer Witterung, wenn sie mit ihren häuslichen Verrichtungen vor der Hand fertig war, ein oder ein paar Stündchen zuzubringen.

Die Zeit vertrieb sie sich dann mit einer leichten weiblichen Handarbeit oder auch — und zwar am häufigsten — mit der Lectüre eines hübschen Buchs.

Der Garten hatte auf der dem Hause entgegengesetzten Seite und zwar ganz in der Nähe des eben erwähnten kleinen Pavillons ein eisernes Gitterpförtchen, durch welches man hinaus auf einem schmalen Fußweg gelangte, der zwischen einigen Gebüschen und Bäumen hindurch unmittelbar in's Freie führte.

Es war gerade an dem Tage, an welchem die Steuerräthin sich zur Besprechung der bewußten Heirathspräliminarien in Kaltenborn befand, als Christine wieder einmal ihre Schritte nach dem Garten lenkte.

Sie ahnte dabei nicht, daß sie schon seit einiger Zeit von einem der angrenzenden Gärten aus durch eine neugierige Nachbarin beobachtet ward.

Diese Nachbarin war — wie wir bereits von dem Stralsunder gehört — nicht blos neugierig, sondern auch eine Verrätherin.

Christine hatte jedoch, wie gesagt, hiervon keine Ahnung.

In dem Pavillon angelangt, setzte sie sich bequem in den geschmackvoll geflochtenen Armstuhl, den der arme Stralsunder ausdrücklich zu ihrem Gebrauch gefertigt, und nahm das mitgebrachte Buch zur Hand.

Sie war vor einigen Tagen im Theater

gewesen und hatte der Aufführung von Laube's „Monaldeschi" beigewohnt.

Die von einer vorzüglichen Schauspielerin meisterhaft durchgeführte Rolle der schwedischen Königin Christine hatte auf ihre schöne jugendliche Namensschwester einen ungemein nachhaltigen Eindruck gemacht und sie bewogen, sich von einem Bekannten ihres Vaters, einem alten Bücherliebhaber, ein Buch zu leihen, in welchem sie über jene merkwürdige Frau etwas Näheres und Ausführlicheres nachlesen konnte.

Dieses Buch, eine im Jahre 1705 zu Rom in deutscher Sprache gedruckte, jetzt ziemlich selten gewordene Broschüre führte den Titel: „Leben der schwedischen Königin Christina und ihres Hofes, seit sie sich nach Rom begeben."

Trotz dem veralteten Deutsch und der mitunter sonderbaren Orthographie des Inhalts fand die Heldin unserer kleinen Erzählung doch das Buch so anziehend, daß sie nach kurzer Zeit sich vollständig in die Lectüre desselben versenkte.

Sie fand, daß der Charakter der Toch=
ter Gustav Adolf's viel Aehnliches mit ihrem
eigenen hatte. Sie wußte — denn ihre Mut=
ter hatte es ihr auf ihrem Sterbebette gesagt
— daß auch in ihren Adern fürstliches Blut
rollte, und es war ihr, als hätte sie ganz das
Zeug dazu, um je nach Umständen auch die
Herrscherin zu spielen.

Sie las so eifrig, daß sie zweimal über=
hörte, wie in der Richtung von dem kleinen
Gitterthore her mit gedämpfter Stimme ge=
hustet ward.

Erst als das Husten sich zum dritten
Male und etwas lauter wiederholte, blickte sie
auf und warf durch das geöffnete Glasfenster
des Pavillons einen Blick nach der erwähnten
Richtung.

Draußen dicht vor dem eisernen Gitter
stand ein schöner, feingekleideter junger Mann,
den wir sofort erkennen.

Es war Arthur.

Christine klappte ihr Buch zu, legte es
auf den Tisch und verließ mit dem stolzen,

langsamen Schritt, der ihr so wohl anstand, den Pavillon.

Als sie sich dem kleinen Gitterthore bis auf einige Schritte genähert hatte, nahm der junge Mann höflich den Hut ab und sagte, nachdem er gegrüßt:

„Ihr Buch muß ein sehr anziehendes sein, schöne Christine, denn es hat mir Mühe gekostet, mich bemerkbar zu machen, und sehr laut wollte ich doch nicht werden."

Bei diesen letzten Worten steckte er seine rechte Hand durch das Gitter, um die Christi= nens zu drücken.

Diese berührte jedoch die seinige nur leicht und zog sie dann sofort wieder zurück, indem sie sagte:

„Nein, das sollen Sie auch nicht. Es darf uns Niemand hören oder sehen."

„Aber, theure geliebte Christine, wenn Sie endlich einmal dieses grausame Gitter öffnen und mir gestatten wollten, bei Ihnen in dem kleinen traulichen Pavillon dort zu weilen, da wären wir ja vor allen Beobachtern und Lau= schern sicher."

Die natürliche Tochter des Prinzen Emil warf stolz den Kopf zurück und sagte:

„Nein, das kann nicht geschehen. Ehe ich diese eiserne Schranke öffne, muß ich für die Aufrichtigkeit der Gefühle, welche Sie mir bis= jetzt zu erkennen gegeben, die zuverlässigste Bürgschaft haben. Uebrigens habe ich auch gestern Abend bei einer Freundin etwas ge= hört, was mich beinahe bestimmt hätte, weder heute noch je wieder hier mit Ihnen in dieser verstohlenen Weise zusammenzutreffen."

Arthur that, als erschräke er — vielleicht erschrak er auch wirklich — und sagte:

„Aber mein Himmel, theure Christine, was ist denn das, was Sie bewogen haben könnte, einen so furchtbaren Entschluß zu fassen?"

Christine sah den jungen Mann so for= schend und unverwandt an, daß er, trotz seiner praktischen Erfahrung in solchen Abenteuern, diesen Blick nicht ertragen konnte, sondern den seinen davor zu Boden schlug.

Dann sagte sie:

„Man erzählte — natürlich wußte kein

Menſch, daß ich Sie kenne — Sie gingen im
Hauſe der Steuerräthin Zimmermann aus und
ein und ſtünden zu Ida, ihrer Tochter, in
einem Verhältniß, welches höchſt wahrſcheinlich
mit einer Heirath enden würde.“

Arthur ſchlug ein ſo lautes Gelächter auf,
als die Vorſicht gebietende Situation geſtattete,
und entgegnete dann:

„Es iſt doch merkwürdig, was die Leute
alles zuſammenſchwatzen! Die Steuerräthin
hat in meinem Heimathsort eine Verwandte,
welche eine Freundin meiner Mutter iſt. Als
ich hierher nach Neuenſee kam, ertheilte mir
dieſe Freundin einen Auftrag an die Steuer=
räthin. Ich richtete denſelben aus und ward
bei dieſer Gelegenheit eingeladen, meinen Be=
ſuch, ſo oft mir’s belieben würde, zu wieder=
holen. Aus Mitleid mit den beiden Frauen=
zimmern, die ſehr vereinſamt leben, habe ich
ſie ſeitdem einigemal wieder beſucht, aber von
einer Liebſchaft oder gar einer projectirten
Heirath zwiſchen mir und der blaſſen, blonden
Ida kann auch nicht im Entfernteſten die Rede
ſein. Das Mädchen iſt nicht ganz übel und

wenn ich Absichten auf sie hätte, so würde ich
vielleicht damit auch nicht abgewiesen, aber
wie kann meine herrliche, königliche Christine
glauben, daß neben ihr, der strahlenden Sonne,
irgendein bleiches Gestirn des Firmaments
auch nur mein Auge auf sich ziehen oder
gar bleibenden Eindruck auf mich machen
könne?"

Die nominelle Korbmacherstochter hörte
diese lange Rede des jungen Mannes an, ohne
ihn zu unterbrechen und ohne eine Miene zu
zucken.

Als er schwieg, sagte sie, immer noch ihren
durchdringenden Blick auf ihn heftend:

„Ich will hoffen, daß das, was Sie mir
da sagen, wahr ist —"

Der junge Mann hob wie zu einem fei=
erlichen Schwure die Hand empor und wollte
eine abermalige Tirade loslassen.

Christine gebot ihm jedoch durch eine Ge=
berde Schweigen und fuhr fort:

„Ich will hoffen, sage ich, daß das, was

Sie mir da versichern, wahr ist, denn wenn
Sie meine Bekanntschaft blos gesucht haben,
um ihr Spiel mit mir zu treiben, während
Ihre ernsten Absichten einer Andern gelten,
dann — dann — wehe Ihnen!"

Christinens Augen funkelten, indem sie
diese letzten Worte sprach, auf so unheimliche
Weise, daß es Arthur förmlich ein wenig bäng=
lich um's Herz ward.

Er wünschte in diesem Augenblick sogar,
die ganze Intrigue mit der schönen Korbmachers=
tochter nicht eingefädelt zu haben, denn er ahnte
fast, daß es ihm nicht so leicht werden würde,
sich aus dieser Affaire ohne irgendwelchen Nach=
theil für sein werthes Ich wieder herauszu=
ziehen.

Es war ihm daher gewissermaßen lieb, als
Christine, unmittelbar nachdem sie ihre furcht=
bare Drohung ausgestoßen, hinzusetzte:

„Für heute müssen wir scheiden. Mein
Vater will heute zeitiger ausgehen als ge=
wöhnlich und deshalb muß ich jetzt wieder in
das Haus hinein. Morgen werden Sie mich
hier nicht treffen, übermorgen jedoch um die

gewöhnliche Zeit wäre es möglich, daß ich wie=
der dawäre. Adieu!"

Damit drehte sie sich herum und war,
ehe Arthur noch ihren Abschiedsgruß er=
widern konnte, seinen Augen schon ent=
schwunden.

X.

Am Abend des nächstfolgenden Tages, als Meister Engelmann seiner Gewohnheit gemäß in seiner Stammkneipe beim Bierkrug saß, ging der Stralsunder, seine Feierabendpfeife rauchend, schwermüthig und gedankenvoll, wie er schon seit mehrern Wochen gewesen, in der Werkstatt auf und ab.

Der dickhäutige Weimaraner, für den es keinen höhern Genuß gab als den Schlaf, hatte sich mit den beiden Lehrburschen schon in die Bodenkammer hinauf zu Bett begeben.

Der Leipziger war mit einem Kruge nach einer nahegelegenen Brauerei gegangen, um die zwei Kannen Dünnbier zu holen, welche er in der Regel Abends gemeinschaftlich mit dem Stralsunder zu trinken pflegte.

Als er nach wenigen Minuten wieder ein=

trat und den gefüllten Krug auf den Tisch ge=
setzt hatte, sagte er:

„Unsere Meisterstochter hatte soeben noch
Besuch."

„Besuch?" wiederholte der Stralsunder
verwundert, indem er zugleich zwei Gläser von
einem Bretgestell nahm und neben den Krug
auf den Tisch stellte. „Woher weißt Du denn
das?"

„Als ich jetzt durch die Hausflur ging,"
antwortete der Leipziger, „öffnete sich die Thür
der Wohnstube des Meisters und es trat eine
schon ältere, aber ziemlich elegant gekleidete
Dame heraus. Christine begleitete sie bis an
die Hausthür und ich bemerkte, daß sie dort
noch eine Weile leise miteinander sprachen."

Der Stralsunder schüttelte, während er die
beiden Gläser füllte, den Kopf und sagte:

„Wer muß denn das gewesen sein?
Christine hat ja, außer einigen ehemaligen
Schulgenossinnen, fast gar keine Bekannten, von
welchen sie Besuche empfinge."

„Ja, wer es war, das weiß ich auch
nicht," sagte der Leipziger, indem er sich eine

Cigarre anzündete, denn Pfeife zu rauchen, er=
schien ihm den aus der Heimath mitgebrachten
Begriffen zufolge ein wenig ordinär.

Während die beiden jungen Männer dann
rauchend und trinkend am Tische saßen und
sich noch in allerhand Vermuthungen ergingen,
wer die Dame, welche bei der Meisterstochter
noch so spät Abends zu Besuch gewesen, wol
sein könne, öffnete sich plötzlich die vom Hof
hereinführende Thür der Werkstatt ein wenig
und eine wohlbekannte und wohllautende Stimme
rief:

„Stralsunder!"

„Hier!" antwortete der Gerufene, der seine
drei Jahr in einem pommer'schen Regiment ge=
dient, indem er sich zugleich erhob und kerzen=
gerade dastand.

Kommen Sie einmal einen Augenblick
heraus!" fuhr die Stimme, die keine andere
war als die Christinens, fort.

Der Stralsunder hatte natürlich nichts
Eiligeres zu thun als diesem Rufe Folge zu
leisten.

Er legte die Pfeife weg, eilte aus der

Werkstatt hinaus und machte die Thür hinter
sich zu.

Die schöne Meisterstochter hatte den Ober=
gesellen auf „einen Augenblick" hinausgerufen;
es vergingen deren jedoch zehn und zwanzig
und dann ebenso viele Secunden und Minuten,
der Stralsunder kam aber immer noch nicht
wieder.

Es versteht sich von selbst, daß der Leip=
ziger mittlerweile vor Neugier fast verging.

Endlich, nach einer reichlichen halben
Stunde, trat der Stralsunder wieder ein.

Anstatt der trübseligen, niedergeschlagenen
Miene, die er seit den letztvergangenen Wochen
gezeigt, trugen seine männlich schönen, biedern
Züge jetzt den Ausdruck der heitersten, fröh=
lichsten Stimmung.

Der Leipziger sah sofort, daß ihm etwas
außerordentlich Freudiges passirt sein müsse,
und rief:

„Aber Bruder Stralsunder, Du bist ja
auf einmal wie umgewandelt! Was ist denn
mit Dir vorgegangen?"

„Ach, Leipziger," antwortete der Gefragte,

indem ihm vor übergroßer Wonne die Thränen in die Augen traten, „freue Dich mit mir! Sie ist wieder mein! Sie hat mir's selbst gesagt! Sie will künftig nur mein sein und bleiben! Sie hat mir die Hand darauf gegeben und ich weiß, sie wird Wort halten!"

„Das freut mich von Herzen!" antwortete der Leipziger im Tone der vollkommensten Aufrichtigkeit, setzte aber gleich darauf in seiner Eigenschaft als feiner, berechnender Kopf hinzu: „Aber um Dir das zu sagen, kann Deine Geliebte doch nicht eine volle halbe Stunde Zeit gebraucht haben?"

Die Freude macht wohl die Augen feucht, die Kehle aber desto trockener und der Stralsunder mußte erst ein ganzes Glas Bier hinunterstürzen, ehe er antworten konnte:

„Da hast Du Recht, Kamerad; Christine hat mir aber auch noch mehr gesagt — Wunderbinge, die auch Dich mit angehen und die ich Dir deshalb haarklein mittheilen muß. Du wirst nicht schlecht horchen."

Mit diesen Worten setzte sich der Stral=

sunder wieder mit an den Tisch und referirte
dann in gedämpftem Tone über seine eben
stattgehabte Unterredung mit der schönen
Meisterstochter in einer Weise, daß dem sonst
nicht so leicht zu verblüffenden Leipziger buch=
stäblich Mund und Nase offen standen.

Als der Obergesell mit seiner Mittheilung
fertig war, sprang der Leipziger, der. während
derselben immerfort unruhig auf seinem Stuhle
hin= und hergerutscht war, auf, riß den Stral=
sunder mit empor und schrie:

„Das wird ja ein Hauptjok, Bruder! Das
wird ja ein Hauptjok! Und wie wird auch der
Kammmuff, der Weimaraner, sich freuen!"

Und dann pfiff er die schöne Melodie:

„Lott' is todt! Lott' is todt!"

und tanzte nach derselben mit dem Stralsunder
in der Werkstatt herum, bis beide erschöpft und
keuchend auf einen Haufen Korbruthen nieder=
sanken.

XI.

Am dritten Tage nach dem, an welchem
Christine unsern Freund Arthur das letzte Mal
an der grausamen eisernen Pforte, die ihm den
weitern Weg zu seinem Glück abschnitt, gespro=
chen, saß sie wieder in dem kleinen Garten=
pavillon.

Sie las wieder die alte Geschichte der
schwedischen Königin, an der sie nicht blos als
Namensschwester ein so hervortretendes Interesse
zu finden schien.

Ob sie auch in anderer Beziehung zwischen
sich und der stolzen, eigenmächtigen Fürstin eine
Parallele zog oder ziehen wollte, das werden
wir bald erfahren.

Sie hatte noch nicht lange gesessen und ge=
wartet, als das bekannte gedämpfte Hustensig=
nal sich hören ließ.

Sie erhob sich sofort, verließ den Pavillon und ging nach dem Gitterpförtchen.

Arthur zog schon den Hut, als er sie vom Weiten erblickte und begrüßte sie, als ob sie ein wirklich anerkanntes Fürstenkind wäre.

Er kannte nun ihren Stolz und glaubte nur dann, wenn er diesem huldigte, Aussicht auf ein erfolgreiches Spiel à la Don Juan zu haben.

Christinens Benehmen war heute vollkommen geeignet, ihn in dieser Voraussetzung zu bestärken.

Sie näherte sich ihm mit freundlicher Miene, erwiderte seinen Gruß und drückte ihm die Hand, die er ihr wieder durch das Gitter entgegenstreckte, so warm wie sie noch nie gethan.

Dann sagte sie:

„Ich muß Sie wegen meines gestrigen abscheulichen Benehmens um Verzeihung bitten, lieber Arthur. Ich habe Gelegenheit gehabt, mich genauer zu erkundigen, und weiß nun, daß sie die Steuerräthin und deren Tochter wirklich nur als Freund und Bekannter, keineswegs aber als Geliebter oder Bewerber der Letztern besuchen."

Arthur freute sich in seinem falschen Herzen nicht wenig über die Täuschung, in welcher Christine, ihren Worten nach zu urtheilen, befangen war.

Ehe er jedoch etwas entgegnen konnte, fuhr sie fort:

„Um Ihnen zu zeigen, Arthur, daß ich mein Unrecht einsehe und es auf eine Weise wieder gutzumachen wünsche, welche Ihren, mir so oft zu erkennen gegebenen Wünschen entspricht, will ich endlich heute diese Pforte öffnen und Ihnen gestatten, mit mir ein Stündchen in dem Pavillon zuzubringen, obschon ich," setzte sie mit plötzlich ernster Miene hinzu, „mit Bestimmtheit erwarte, daß Sie diese Erlaubniß in keinerlei Hinsicht mißbrauchen."

Arthur ward es bei der ihm sich so plötzlich und unerwartet eröffnenden Aussicht ganz schwindlig zu Muthe und um das Mißtrauen, welches Christine in ihren letzten Worten kundgab, sofort zu verscheuchen, rief er:

„O Christine, meine theure angebetete Christine, wie können Sie glauben, daß ich mich der hohen Gunst, die Sie mir gewähren wollen, auf irgend eine Weise unwürdig zeigen würde? O, das wird nun und nimmermehr geschehen! Oeffnen Sie daher! Oeffnen Sie schnell, damit ich —"

Christine unterbrach lachend den Ungestümen indem sie sagte:

„Nein, lieber Arthur, so schnell geht das nicht. Jetzt, in diesem Augenblick, kann ich Sie nicht einlassen, denn ich muß wieder hinein zu meinem Vater. Später aber, nach sieben Uhr, wenn es dunkel geworden ist, will ich wieder hier sein und dann werde ich Sie einlassen."

„Nennen Sie, welche Stunde Sie wollen, meine angebetete Christine! Zu jeder werde ich unverbrüchlich hier sein!" sagte Arthur, indem er betheuernd die Hand auf sein falsches Herz legte.

„Gut denn. So wollen wir sagen: halb Acht. Auf Wiedersehen!"

Mit diesen Worten reichte Christine ihrem

verrätherischen Anbeter wieder die Hand und
verabschiedete ihn vorläufig auf die freundlichste,
holdseligste Weise.

Er ging den schmalen Weg durch Gebüsch
und Bäume hindurch bis er in's Freie kam.

„Endlich doch noch!" sagte er triumphirend
bei sich selbst. „Ich dachte mir's aber gleich,
daß sie sich noch ergeben würde, denn wenn sie
auch schön ist, so bin ich doch auch nicht häßlich, und es wäre das erste Mal, daß ich bei
einem Mädchen abfiele!"

Er ließ die lange Reihe der Schönheiten,
bei welchen er nicht „abgefallen" war, flüchtig
vor dem Auge seiner Erinnerung die Revüe
passiren und fuhr dann in seinem Monolog
weiter fort, indem er sagte:

„Es wird aber auch die höchste Zeit, daß
ich meinen Sieg bei Christine erringe. Ida's
Mutter ist schon wieder da, sie hat höchstwahrscheinlich mit der meinigen alles Nähere be-
sprochen, und es soll mir auch wirklich selbst
lieb sein, wenn die gute Ida mich unter ihre
Fittige nimmt und mir dergleichen vertrackte
Abenteuer, von welchen ich gleichwol allein

nicht lassen kann, für die Zukunft unmöglich
macht. Es kommt auch nie etwas Gutes dabei
heraus. Mein Sieg über die schöne stolze
Christine soll mein letzter und glänzendster sein
und mein Suitierleben auf angemessene und
würdige Weise beschließen!"

Arthur hatte am Vormittag ein Billet von
der Steuerräthin bekommen, worin sie ihn für
diesen Abend auf eine Tasse Thee einlud und
dabei bemerkte, daß sie ihm im Auftrage seiner
Mutter allerhand Mittheilungen zu machen
habe.

Er sah voraus, daß es nun zwischen ihm
und Ida zu einer bestimmten Erklärung kommen
würde, und er war dazu mit Freuden bereit,
denn er hatte das gute, sanfte Mädchen wirklich von Herzen liebgewonnen.

Jetzt war es noch nicht fünf Uhr. Er
konnte daher noch ein paar Stündchen umher-
spazieren, ehe er sich halb Acht wieder am Gitter-
thor einzufinden hatte.

Christinens Warnung vor Mißbrauch ihres
Vertrauens betrachtete er, auf seine seitherige
vielfache Erfahrung gestützt, als bloße Redens-

art und hoffte seinen Triumph schnell genug
zu erringen, um bis spätestens neun Uhr bei
der Steuerräthin erscheinen zu können.

So lautete sein Programm für die noch
übrigen Stunden dieses verhängnißvollen Tages.

Wir werden nun sehen, wie sich dasselbe
abspielte.

XII.

Schon vor sieben Uhr war Christine wieder in ihrem Pavillon.

Ihr Vater war am Spätnachmittage noch über Land gegangen und seine Rückkunft stand vor zehn oder elf Uhr nicht zu erwarten.

Das Abendessen für die Gesellen und Lehr= burschen besorgte die Magd und Christine hatte daher verhältnißmäßig zeitig abkommen können.

Sie traf unmittelbar, nachdem sie den Pavillon betreten, allerhand Vorbereitungen, welche zum Theil der Art waren, daß der Er= wartete, wenn er zugegen gewesen wäre, sich nur zu um so gewisserer Hoffnung auf einen glänzenden Erfolg berechtigt geglaubt hätte.

Christine schloß nämlich die Läden, welche inwendig vor den Fenstern des Pavillons an= gebracht waren, und zündete hierauf eine kleine

Schirmlampe an, die ein gedämpftes ungemein trauliches zu Minnespiel und Kosen einladendes Licht in dem kleinen Raum verbreitete.

An der einen Wand stand eine Art Sofa oder vielmehr eine breite, gepolsterte mit Leder überzogene Bank, auf welcher Meister Engelmann manchmal an heißen Tagen, hier im kühlen Schatten der Bäume, sein Mittagsschläfchen zu halten pflegte.

Diese Ruhebank stäubte Christine jetzt sorgfältig ab, als wenn sie mit ihrem erwarteten Anbeter darauf Platz nehmen wollte.

Weniger sympathisch aber und eher befremdend würde es Arthur, wenn er alle diese Vorbereitungen mit angesehen hätte, berührt haben, zu gewahren, wie Christine, nachdem sie sich der soeben beschriebenen Verrichtungen entledigt, das alte Buch, die Geschichte der Königin Christine, zur Hand nahm, darin eine gewisse Stelle aufsuchte und sich dieselbe dadurch leicht wieder auffindbar machte, daß sie einen zusammengefalteten Brief, den sie aus der Tasche ihres Kleides nahm, zwischen die Blätter legte.

Dann, nachdem sie mit Allem fertig war,

setzte sie sich in den geflochtenen Armstuhl, das Geschenk des Stralsunders, und wartete.

Der Ausdruck ihres schönen Gesichts war jetzt ein von dem, welchen es am Nachmittag gezeigt, sehr verschiedener.

Ihre Augen rollten unstät hin und her, ihr Busen hob sich, wie von einem innern Sturm bewegt, und die festgeschlossenen Lippen verriethen einen unwiderruflich gefaßten Ent= schluß.

Auf einem nahen Kirchthurm schlug es halb Acht und gleich darauf ließ das bekannte gedämpfte Husten vom Gitterpförtchen her sich vernehmen.

„Ha! Bist Du da, Bube!" murmelte Christine, indem sie sich erhob, den Pavillon verließ und ihre Schritte nach dem kleinen eisernen Thor lenkte.

Hinter demselben stand Arthur vor Be= gier und Erwartung an allen Gliedern zit= ternd.

„Guten Abend, meine angebetete Christine!" rief er der Nahenden entgegen.

„Still! still!" sagte sie leise.

6

Dann zog sie einen Schlüssel aus derselben Tasche, aus welcher sie kurz vorher den räthselhaften Brief genommen hatte, schloß das Pförtchen auf und ließ den Harrenden eintreten.

Nachdem sie das Gitter wieder geschlossen, schritt sie stolz voran und Arthur folgte ihr, ein Prophet würde gesagt haben: wie ein Lamm zur Schlachtbank.

Wie einem solchen aber war es Arthur jetzt durchaus nicht zu Muthe.

Im Gegentheil, er brachte Christinens jetzt so zurückhaltendes und schweigsames Wesen auf Rechnung der Vorsicht, die sie bei diesem für sie so compromittirenden Abenteuer für geboten erachtete.

Er zweifelte nicht, daß sie, sobald sie einmal mit ihm allein im traulichen verschlossenen Pavillon wäre, dann ganz wieder so freundlich und liebevoll sein würde, wie sie noch vor wenigen Stunden gewesen war.

Als er hinter ihr in das kleine hölzerne Haus eingetreten war, schloß sie die Thür, schob einen inwendig angebrachten Riegel vor und sagte:

„Wir müssen bedacht sein, nicht überrascht zu werden."

Diese Worte machten Arthur solchen Muth, daß er Christine ohne Weiteres in seine Arme schließen und küssen wollte.

Sie drängte ihn aber mit sanfter Gewalt von sich und sagte:

„Nicht so ungestüm, Arthur! Setzen Sie sich dorthin. Ich habe Ihnen vor allen Dingen etwas zu sagen."

Sie deutete, indem sie so sprach, auf die gepolsterte Bank und Arthur nahm ein wenig verblüfft darauf Platz, während Christine sich wieder in ihren Armstuhl niederließ.

„Waren Sie einmal in ‚Monaldeschi'?" fragte sie nach einer Weile.

„Nein," antwortete Arthur; „ich wollte hineingehen als es neulich gegeben wurde, aber —"

„Schon gut," unterbrach Christine. „Ich brauche weiter nicht zu wissen, was Sie abge=halten hat. Sie kennen das Stück also nicht, die Geschichte der Heldin desselben aber, der

Königin Christine von Schweden, ist Ihnen wohl bekannt?"

Arthur, der natürlich hier in diesem Raume, in welchen er so geheimnißvoll eingelassen worden, etwas ganz Anderes erwartet hatte, als ein Examen in der Geschichte bestehen zu sollen, wußte nicht, was er von diesen sonderbaren Fragen denken sollte.

Dennoch antwortete er halb mechanisch:

"Nun ja, so viel mir nämlich aus den Geschichtscollegien, die ich gewöhnlich nicht besuchte, noch erinnerlich ist. Die Königin Christine von Schweden war die Tochter Gustav Adolph's, des Helden des dreißigjährigen Krieges, hatte eine Menge Liebhaber, ward, nachdem sie dem Thron entsagt, katholisch und starb in Rom. Das ist so ziemlich Alles, was ich von ihr weiß, und ich glaube, es genügt."

"Nein, es genügt nicht!" entgegnete Christine mit Nachdruck. "Das Merkwürdigste in dem Leben dieser Fürstin ist nach meiner Ansicht ihr Verhältniß zu dem Marchese Monaldeschi."

"Das ist möglich," sagte Arthur in gleich=

gültigem Tone. „Mich interessirt es aber wei=
ter nicht."

Er ward nachgerade ärgerlich über das sich
so seltsam anlassende gehoffte Schäferstündchen
und hätte, da er Christine so eisig kalt fand,
gern darauf verzichtet, wenn er nur sogleich
aus dem Pavillon und dem Garten wieder
hinaus gewesen wäre.

„Es muß Sie interessiren," entgegnete
Christine auf die letzte Bemerkung des jungen
Mannes, „und da sie es nicht wissen, so wer=
den Sie gestatten, daß ich Sie, wenn auch nur
in Kürze, davon unterrichte."

Mit diesen Worten griff die Sprechende
nach dem alten Buche, welches auf dem Tische
lag, nahm den Brief an der eingezeichneten
Stelle heraus, und legte ihn auf die Seite und
schlug das Buch auf.

So klein zusammengefaltet der Brief auch
war, so zog er dennoch sofort Arthur's Auf=
merksamkeit auf sich, weit mehr als die alte
Scharteke, welche Christine in die Hand genom=
men hatte.

Das Papier des Briefes hatte nämlich eine

blau=röthliche Farbe, die nicht sehr gewöhnlich
ist; Arthur hatte sich bei seiner Ankunft in
Neuensee einige Buch von dieser Sorte gekauft
und seitdem zu allen seinen Briefen kein an=
deres verwendet.

Er hatte jetzt jedoch nicht lange Zeit,
Vermuthungen in dieser Beziehung anzustellen,
denn Christine rief in befehlendem Tone:

„Hören Sie zu!"

Und dann begann sie, bald sprechend, bald
lesend, folgenden Vortrag.

XIII.

„Die Königin Christine hatte einen Günst=
ling Namens Monaldeschi, dem sie unbeding=
tes Vertrauen schenkte.

Früher hatte sie einen andern Günstling
gehabt, welcher Sentinelli hieß und an ihr mit
einer Treue hing, welche sie erst später richtig
schätzen lernte.

Monaldeschi hatte aber ein feineres, ge=
wandteres Benehmen und verstand dadurch die
Königin so zu blenden und für sich zu gewin=
nen, daß der arme Sentinelli von ihr gänzlich
vernachlässigt und fast gar nicht mehr beachtet
ward.

Er aber trug sein Schicksal ohne Murren
und Klagen und blieb seiner Königin, trotz der
Zurücksetzung, die er von ihr erfuhr, unverbrüch=
lich treu.

Monaldeschi dagegen war ein Schurke. Er unterhielt, während er die Königin glauben machte, er liebe nur sie, nicht blos ein vertrautes Verhältniß mit einer ihrer Hofdamen, sondern sprach sich auch in Briefen an seine Freunde über die Königin auf eine so freche und gemeine Weise aus, daß er ihr dadurch Beleidigungen zufügte, die ein Weib — sei sie Königin oder Korbmacherstochter — niemals verzeiht.

Das gerechte Schicksal wollte, daß diese schändliche Handlungsweise des gleißnerischen Verräthers nicht ungerochen bliebe.

Einer der Briefe, in welchen er sich auf so schamlose Weise über die Königin ausgesprochen, gerieth durch einen seltsamen Zufall in ihre Hände und sie sah nun mit Schaudern, welchem Ungeheuer sie ihre Liebe geschenkt.

Diese Liebe verwandelte sich sofort in den tödtlichsten, grimmigsten Haß und die Königin beschloß, an dem Verworfenen die ihr zustehende Rache zu nehmen und ihn zu vernichten.

Sie befand sich damals in Frankreich, wo

der König ihr das Schloß Fontainebleau für die Dauer ihres Besuchs überlassen hatte.

Hier rief sie den treuen Sentinelli wieder zu sich, gestand das Unrecht, welches sie an ihm begangen, ein und theilte ihm den Plan mit, den sie zur Züchtigung und Bestrafung des Verräthers entworfen hatte.

Sentinelli versprach ihr, diesen Plan ins Werk setzen zu helfen, und nun war Monaldeschi so gut wie verloren.

Schon am nächstfolgenden Tage ließ sie ihn einladen, sich bei ihr zu einer bestimmten Stunde in der sogenannten Hirschgalerie einzufinden, und er säumte nicht, zu kommen, denn er erwartete in seinem frechen Dünkel mit Gewißheit, daß die Königin, die er so lange bethört und hintergangen, ihm einen neuen Beweis ihrer Liebe und ihres arglosen Vertrauens geben werde.

Er erschrak daher nicht wenig, als die Königin sofort, nachdem er eingetreten war, die Thür verriegelte und ihm einen Brief vor die Augen hielt, in welchem er einen von denen erkannte, die er an einen Freund von gleichem

Schlage wie er selbst geschrieben und worin er von seiner Königin in so unehrerbietigen, todeswürdigen Ausdrücken gesprochen.

Sie fragte ihn in strengem Tone, ob er diesen Brief kenne, und er mußte gestehen, daß er denselben mit eigener Hand geschrieben.

Die Miene der Schwerbeleidigten sagte ihm, daß es um ihn geschehen sei, und der feige Schurke hielt es nun für das Beste, sich ihr zu Füßen zu werfen und um Gnade zu bitten.

Christine wußte aber, was sie ihrer tiefgekränkten weiblichen Ehre und Würde schuldig war. Sie öffnete eine Nebenthür und herein trat ihr treuer Sentinelli mit zwei Trabanten, welche den Verräther packten und niederstachen wie einen Hund."

XIV.

Die schöne Korbmacherstochter sprach diese letzten Worte mit erhobener Stimme; dann schwieg sie, legte das Buch wieder auf den Tisch und stand auf.

Arthur wußte nicht, wie ihm geschah, und Alles drehte sich mit ihm im Kreise herum.

Daß der ganze Vortrag, den er gehört, nur die Einleitung zu einer Gewaltthat sein sollte, darüber konnte er, noch ehe Christine mit ihrer Erzählung fertig war, nicht in Zweifel sein.

Daß auch er à la Monaldeschi gehandelt und sich an dem Mädchen, welches ihm jetzt wie eine zürnende Gottheit gegenüber stand, schwer vergangen hatte, sagte ihm sein Gewissen und er ahnte, daß der Abschluß seiner Liebes=

abenteuer ein ganz anderer sein würde, als er erwartet und gehofft hatte.

Christine ließ ihm jedoch nicht lange Zeit, Vermuthungen über Art und Weise anzustellen, auf welche sie die ihr von ihm zugefügte Schmach rächen würde.

Nachdem sie sich erhoben, begann sie wieder:

„Jetzt frage ich Sie: Finden Sie die Rache, welche die Königin nahm, gerecht oder ungerecht?"

Arthur erhob sich unwillkürlich ebenfalls, denn die Bank, auf der er saß, schien sich ihm während Christinens Vortrag in eine Armesünderbank verwandelt zu haben, mit welcher er jeden Connex so schnell als möglich zu lösen wünschte.

„Christine, meine theure angebetete Christine," stammelte er, „was soll diese Komödie? Wenn Sie —"

Christine unterbrach ihn und sagte:

„Sie haben Recht. Wir wollen nicht länger Komödie spielen, sondern nun sofort die Wirklichkeit Platz ergreifen lassen."

Mit diesen Worten nahm sie den zusammen=
gefalteten Brief vom Tische, schlug ihn aus
einander, hielt ihn dem jungen Mann vor die
Augen und fragte:

„Haben Sie das geschrieben?"

Arthur erkannte auf den ersten Blick den
letzten Brief, den er an seinen Freund Fritz
geschrieben, konnte aber nicht begreifen, wie dieser
Brief in Christinens Hände gerathen sei.

Dennoch sah er ein, daß er unter den ob=
waltenden Umständen nichts Besseres thun könne,
als die einmal begonnene verhängnißvolle
Monaldeschi=Rolle weiter zuspielen, das heißt,
seine Schuld einzugestehen und um Verzeihung
zu bitten.

Vielleicht war d i e Christine, mit welcher
er es zu thun hatte, weniger hartherzig als
ihre blutgierige Namensschwester.

„Ja," sagte er daher, „diesen Brief habe
ich allerdings geschrieben, aber —"

Christine schnitt ihm jedoch sofort wieder
das Wort ab, indem sie ihm durch eine unge=
duldige Geberde Schweigen gebot und dann
sagte:

„Genug! Weiter will ich nichts wissen! Was Sie mir zur Beschönigung Ihres Ver= gehens sagen wollen, wären doch nur neue Lügen, die übrigens nichts helfen würden. Hören Sie jetzt Ihr Urtheil. Niederstechen kann und will ich Sie nicht lassen, denn ich bin keine Königin und habe kein Recht über Leben und Tod; eine fühlbare Züchtigung kann Ihnen aber nicht erspart bleiben. Wenn Sie diese empfangen haben, gehen Sie zu dem braven Mädchen, welches Sie wirklich lieben, und lassen Sie sich nie wieder einfallen, eine Andere, die eben so brav und makellos ist, zum Spielzeug Ihrer müßigen Augenblicke zu erniedrigen und zum Gegenstand Ihrer elenden Prahlereien zu machen. Dies das letzte Wort, welches ich zu Ihnen spreche."

Mit königlicher, stolzer Haltung sich von dem Delinquenten abwendend, schritt sie dann nach der Thür, riegelte dieselbe auf und rief hinaus:

„Sentinelli!"

„Hier!" antwortete eine kräftige Männer= stimme aus fast unmittelbarer Nähe.

Christine trat auf die Seite und herein schritt ein baumlanger, breitschulteriger Mann, dessen Gesicht mit einer Flormaske bedeckt war. In seiner rechten Hand hielt er einige zusammengerollte Stricke.

Dicht hinter ihm folgten zwei kleinere, aber eben so stämmige Männergestalten, deren Gesichtszüge auf dieselbe Weise wie die des ersten unkenntlich gemacht waren.

Sie trugen keine Stricke, hatten aber die Hemdärmel aufgestreift, so daß man die muskulösen Arme sehen konnte, und hielten jeder in der rechten Hand vier oder fünf noch mit der grünen Schale bekleidete kurze starke Weidenruthen.

Sentinelli schritt mit seinen beiden Trabanten bis in die Mitte des kleinen Raumes und faßte dem Verurtheilten gegenüber Posto.

Christine streckte die Hand nach Arthur aus und sagte, aber ohne ihn anzusehen:

„Hier steht der Verbrecher. Ich habe ihm sein Urtheil verkündet; an Euch ist es jetzt, es zu vollstrecken!"

Und nachdem sie dies gesagt, schwebte sie langsam aus dem Pavillon, wie Königin Christine aus der Hirschgalerie in Fontainebleau, und ließ Monaldeschi=Arthur in den Händen des stralsunder Sentirelli und seiner Trabanten.

XV.

Die verwittwete Steuerräthin saß mit ihrer Tochter am fertig servirten Theetisch.

Ida warf einen Blick auf die Uhr und sagte:

„Es hat schon acht Uhr geschlagen. Arthur bleibt recht lange."

Die Steuerräthin lächelte kaum bemerkbar und sagte:

„Er wird schon kommen. Wer weiß, was er für Abhaltung hat."

- Es verging etwa noch eine Viertelstunde, dann hörte man Tritte die Treppe herauf= kommen.

„Das ist er!" sagte Ida's Mutter.

„Nein, das ist er nicht!" entgegnete die Tochter. „Arthur kommt allemal die Treppe herauf wie ein Sturmwind, das aber klingt

7

ja, als ob ein achtzigjähriger Greis gekeucht käme."

Nach einigen Minuten öffnete sich die Thür.

Der Eintretende war wirklich Arthur.

Ida sprang bei seinem Anblick erschrocken auf.

„Mein Himmel!" rief sie. „Was fehlt Dir, Arthur! Du bist ja leichenblaß!"

Der junge Mann lächelte schmerzlich und antwortete:

„O, es hat nichts auf sich. Heute Nach=mittag war mir allerdings ein wenig unwohl, aber jetzt ist es schon wieder viel besser."

„Trinken Sie schnell eine Tasse recht heißen Thee; das wird Ihnen gut thun," sagte die Steuerräthin.

„Ja, komm, setze Dich, lieber Arthur!" sagte Ida indem sie ihrem Verlobten dienstfer=tig einen Stuhl herbeitrug.

Er dankte ihr und wollte sich niederlassen, fuhr aber sofort und ehe er den Stuhl noch ordentlich berührt, wieder in die Höhe, als ob

derselbe von glühendem Eisen oder mit hun=
derttausend Nadelspitzen gespickt gewesen wäre.

„Aber Arthur!" rief Ida abermals er=
schreckend. „Was ist denn das?"

Die Steuerräthin sagte nichts, sondern
drehte sich, um das Lächeln, welches wieder
ihren Mund umspielte, nicht sehen zu lassen,
nach dem Ofen herum, auf welchem die Thee=
kanne stand.

„Es ist nichts, sage ich Dir, liebe Ida,"
antwortete Arthur. „Ich habe heute schon
mehrmals bemerkt, daß es mir allemal, wenn
ich mich niedersetzen will, ganz schwindlig im
Kopfe wird. Ich muß bitten, mir zu erlauben,
noch eine Weile stehen zu bleiben."

„Ja, thun Sie das, lieber Arthur," sagte
die künftige Schwiegermutter. „Kommen Sie,
stellen Sie sich hierher an den Ofen. Die
Abende sind jetzt schon kühl und Sie haben sich
wahrscheinlich erst echauffirt und dann tüchtig
erkältet."

Arthur stellte sich dem ihm gegebenen
Rathe gemäß mit dem Rücken an den Ofen.
Dieser war nicht sehr heiß, aber trotzdem

7 *

konnte Arthur es nur wenige Minuten hier aushalten.

Er nahm deshalb seinen Standpunkt lieber so weit als möglich vom Ofen entfernt in der Nähe des Fensters, wo er den Rücken fest an die Tapetenwand andrückte.

In dieser Stellung schien es ihm allmählich besser zu werden und als er nach etwa einer halben Stunde abermals einen behutsamen Versuch machte, sich auf einen Stuhl niederzulassen, gelang ihm dies, wenn es auch, nach seinen Mienen zu urtheilen, nicht ohne alle Schmerzen abging.

Die Steuerräthin brachte das Gespräch natürlich sehr bald auf das, was sie während ihrer letzten Anwesenheit in Kaltenborn ~~mit~~ mit Arthur's Mutter verabredet hatte.

Arthur war, wenn wir uns einer im gewöhnlichen Leben oft zu hörenden Redensart bedienen dürfen, wie „ein gewunden Wachs" und willigte sofort in Alles, was seine künftige Schwiegermutter, zugleich im Auftrage seiner Mutter, vorschlug.

Blos als die Steuerräthin meinte, die

Hochzeit könne vielleicht in drei Monaten statt=
finden, bat er, diesen Termin wo möglich ab=
zukürzen.

Er, der seine Freiheit bis jetzt so lange
als möglich bewahren zu wollen geschienen, that
nunmehr, als könne er sie nicht schnell genug los=
werden. Es war, als betrachtete er die Ehe
als ein rettendes Obdach, unter welchem er
gegen die Gefahren eines den Abenteuern der
Liebe gewidmeten Junggesellenlebens gesichert
wäre. —

Die Steuerräthin war so freundlich, die
Feier der Hochzeit schon binnen sechs Wochen
zu ermöglichen, und zog dann mit nach Kalten=
born, wo Arthur ein Handelsgeschäft etablirte,
dem er mit Lust, Liebe, Thätigkeit und
gutem Erfolg vorstand.

Früher hatte er die Absicht gehabt, sich in
Neuensee niederzulassen, nach jenem letzten
Abenteuer im Gartenpavillon des Korbmacher=
meisters Engelmann aber scheuete er sich, Augen
zu begegnen, vor welchen er die seinigen mit
dem Gefühl tiefer Demüthigung hätte nieder=
schlagen müssen.   .

Deßhalb wollte er lieber an einem Orte
leben, wo er solchen Begegnungen nicht aus=
gesetzt war.

Die Steuerräthin war aus leicht begreif=
lichen Gründen mit diesem Wechsel des Wohn=
sitzes gern einverstanden.

Allerdings hatte sie selbst Christinen den
Brief, den sie in Kaltenborn unter dem Sofa=
kissen gefunden, in die Hände geliefert und die
Züchtigung, welche die stolze Korbmacherstochter
über ihren treulosen Anbeter zu verhängen be=
schloß, gutgeheißen.

Auch war sie ihr, zugleich im Namen ihrer
Tochter — obschon diese von allen diesen Vor=
gängen keine Ahnung hatte — Dank schuldig
für die Energie, womit sie dem flatterhaften
Arthur die Lust zu fernern Treulosigkeiten ein
für allemal ausgetrieben hatte oder vielmehr
durch die Ruthenstreiche hatte austreiben lassen,
welche ihm der Leipziger und der Weimaraner
mit freigebiger, obschon nicht allzugrausamer
Hand verabreicht hatten.

Der Stralsunder, der sich auf den Namen
Sentinelli, welchen ihm die schöne Meisters=

tochter von nun scherzweise oft gab, nicht wenig
einbildete, hatte bei der ihm aufgetragenen
Execution den Delinquenten blos auf der Bank
festgehalten. Des Bindens mit den aus Vorsicht mitgebrachten Stricken hatte es nicht be-
durft, denn Arthur war fügsam gewesen wie
ein Ohrwürmchen.

Etwas Anderes war ihm den handfesten
Bütteln der beleidigten Schönheit gegenüber
nicht übrig geblieben, denn jede Gegenwehr
würde für ihn das Uebel nur noch ärger gemacht haben.

Trotzdem aber, daß die intriguante Steuerräthin die Umstände so gut zu benutzen ver-
standen und ihrer Tochter einen für alle Zukunft vom „Auslatschen" abgeschreckten Ehemann
gegeben hatte, so wäre es doch auch ihr nicht
angenehm gewesen, dann und wann einer
Person zu begegnen, die sehr leicht eine
gefährliche Nebenbuhlerin ihrer Ida hätte
werden können und die einen jungen Mann,
der nun ihr, der Steuerräthin, als Schwiegersohn so nahe stand, so tief gedemüthigt hatte.

Noch vor der Ankunft der Neuvermählten

in Kaltenborn starb Fritz, der Taugenichts, an
dem Delirium tremens, welches bei ihm schon
längst im Anzuge gewesen, und Arthur erfuhr
daher niemals, auf welche Weise jener verhäng=
nißvolle Brief in Christinens Hände gerathen
war.

Er hatte ihn durch einen Markthelfer des
Geschäfts, in welchem er als Volontair thätig
war, zur Post bestellen lassen und konnte sich
die Sache nicht anders erklären, als daß die=
ser Bote den Brief verloren habe und derselbe
durch einen tückischen Zufall gerade in die Hände
gespielt worden sei, für welche er am aller=
wenigsten bestimmt gewesen war.

Arthur und Ida führten die glücklichste
Ehe, die man sich denken kann, und Ersterer
lieferte einen Beweis zu der bekannten sprüch=
wörtlichen Behauptung, daß mancher Mensch zu
seinem Glück geprügelt werden müsse.

Die schöne, stolze Christine war nicht blos
schön und stolz, sondern auch klug.

Sie fand es demzufolge gerathen, sich vor
der Wiederholung solcher Erfahrungen, wie sie

mit dem feinen Arthur gemacht, für alle Zu=
kunft sicher zu stellen.

Dies konnte am besten dadurch geschehen,
daß sie sich an einen Mann anschloß, der, wie
sie wußte, mit treuer, unverbrüchlicher Liebe an
ihr hing und den sie, schon ehe der nun glück=
lich in die Flucht geschlagene Versucher ihr genahet,
als ihren künftigen Gatten betrachtet hatte.

Sie wußte auch, daß sie durch die Verwirk=
lichung dieses ursprünglichen Plans einen
innigen Wunsch ihres Pseudovaters erfüllte, der
sich auf ihre Liebe und Dankbarkeit mehr An=
spruch erworben hatte, als ihr natürlicher.

Der alte Engelmann setzte sich nach einiger
Zeit zur Ruhe und übergab Haus und Geschäft
dem wackern Stralsunder, der allerdings von
Christinens gebieterischem, hochfahrendem Wesen
manchmal ein wenig zu leiden hatte, im Ganzen
genommen aber sehr glücklich mit ihr lebte.

Besonders war dies der Fall, nachdem
Christine Mutter geworden war und ihr Herz
damit sich zugleich den sanfteren und weicheren
Regungen erschloß, für welche es bis jetzt fast
unzugänglich gewesen.

Der Leipziger und der Weimaraner blieben noch mehrere Jahre treue, fleißige Arbeiter der Werkstatt, welcher jetzt der Stralsunder als Meister vorstand.

Christine hatte allen Dreien das Versprechen abgenommen, über jenen tragi=komischen Auftritt im Gartenpavillon die strengste Verschwiegenheit zu beobachten.

Diesem Versprechen ward auch keiner von ihnen untreu, unter einander selbst aber sprachen sie natürlich noch oft von der Scene, bei welcher sie eine so wichtige Rolle gespielt hatte.

„Es war doch ein Hauptjok!" pflegte der Leipziger bei diesen Gelegenheiten zu wiederholen. „Es war ein Hauptjok! Meinst Du das nicht auch, Bruder Weimaraner?"

Der thüringische Dickhäuter verzog dann allemal seinen breiten Mund zu einem stillvergnügten Fletschen und ließ das tiefe Grunzen hören, welches bei ihm die Stelle der Sprache vertrat.

Die feinen Studenten.

I.

Solche Studenten, wie es vor vierzig oder fünfzig Jahren auf den deutschen Universitäten gab, giebt es heutzutage schon seit längerer Zeit nicht mehr.

Trügen die Musensöhne der Jetztzeit nicht — besonders wenn sie einer Verbindung an= gehören — wenigstens noch Mützen mit blauen, grünen, rothen oder andern bunten Rändern, so könnte man sie, was ihre übrige Kleidung und äußere Erscheinung betrifft, eben so gut für junge Kaufleute, Künstler oder so etwas der= gleichen halten.

Früher aber, zu der Zeit, in welcher die lustige Geschichte spielt, welche wir jetzt erzählen wollen, war dies ganz anders.

Wer hätte damals wohl, wenn er einem jungen Mann begegnete, der einen schwarzen kurzen Schnürrock mit niedrigem Stehkragen, ein auf dem einen Ohre klebendes handtellergroßes Mützchen, weder Halstuch noch Cravatte, unmenschlich weite graue Leinwandhosen, einen Stock, der am untern Ende am dicksten war, in der einen und eine mächtige lange Tabakspfeife mit bunten Quasten und biegsamer Spitze in der andern Hand trug, in ihm etwas Anderes als einen Studenten vermuthet?

Aber nicht blos das gesellschaftliche Costüm anderer junger Männer von gebildetem Stande verschmähete damals der sich so nennende ächte Student, sondern er suchte auch zuweilen etwas darin, den Unterschied zwischen sich und dem „Philister" auf Kosten der Sauberkeit und des allgemeinen gesellschaftlichen Anstandes aufrecht zu halten.

Das alte Sprüchwort „Keine Regel ohne Ausnahme" machte sich aber natürlich auch auf diesem Gebiete geltend.

Viele Studenten ahmten ihren Commilitonen in den ebengedachten Beziehungen nur nach, weil sie glaubten, es ginge nicht anders, und weil sie nicht den Muth hatten, gegen den Strom zu schwimmen.

Nur bei einigen wenigen war die Liebe zu Eleganz und zum Verkehr mit der feinen Philisterwelt mächtiger als die Scheu vor dem Hohn und Spott ihrer Mitstudenten, worauf Jeder sich gefaßt machen mußte, der anstatt mit auf den Gassen herum zu renommiren und wüsten Saufgelagen beizuwohnen, lieber den „feinen Schniepel“ spielte und Concerte, Bälle und Soirèen in Privathäusern besuchte.

Nicht umsonst hieß es in dem alten Burschenliede:

„Weh Dir, wenn Du Dich zu uns drängst
Im parfümirten Rock!
Wir fluchen den Pommadenhengst
Und drohen mit dem Stock!“

und jeder Student, der sich auf die gedachte Weise von seines Gleichen absonderte, hatte Grund, sich mit aller ihm zu Gebote stehenden Geduld gegen die Unbilden zu waffnen, womit er so lange behelligt ward, bis er entweder aufhörte, eine Ausnahme zu sein, oder der Universität überhaupt Valet sagte.

Zwei der bei ihren ungeschlachten Studien=

genoſſen verrufenſten und verhaßteſten „Schnie=
pel" waren zu der Zeit, von welcher wir
ſprechen, und in der Univerſitätsſtadt, wo ſich
unſere Geſchichte zutrug, ein gewiſſer Eugen
Werner und ein gewiſſer Woldemar Blan=
kenberg.

Beide ſtammten aus der Reſidenz des be=
treffenden Landes und waren die Söhne reicher
Familien.

Eugen's Mutter war eine geborene von
Ringethal und die Waldemar's. gar eine gebo=
rene Freiin von Warndorf.

Beide Damen hatten ihre bürgerlichen
Ehegatten blos deshalb mit ihrer adeligen Hand
beglückt, weil ſie ſicher waren, bei ihnen das zu
finden, woran in ihrem ahnenreichen Daheim
ein Mangel geherrſcht, der ſich oft drückend
fühlbar gemacht hatte.

Die beiden Banquiers Werner und Blan=
kenberg hatten ihrerſeits ihre eheliche Verbin=
dung mit den beiden mitgiftloſen vornehmen
jungen Damen deshalb in ihrem Intereſſe ge=
funden, weil der alte Herr von Ringethal und
der Baron von Blankenberg einflußreiche Staats=

ämter bekleideten und in diesen Stellungen
ihren Schwiegersöhnen im Laufe der Zeit und
bei passenden Gelegenheiten von mehr Nutzen
sein konnten, als wenn sie ihren Töchtern
Hunderttausende mitgegeben hätten.

Jetzt hatten die beiden alten Herren schon
das Zeitliche gesegnet, aber doch lange genug
gelebt, um ihre Schwiegersöhne auf eine Weise
zu bereichern, welche diese die Wahl, die sie ge=
troffen, niemals bereuen ließ.

Aus jeder dieser beiden Ehen ging, außer
mehrern Töchtern, ein einziger Sohn hervor.

Die beiden Knaben genossen gemeinschaft=
lichen Unterricht und bezogen später auch gleich=
zeitig die Universität.

Beide sollten Jurisprudenz studiren und
sich dadurch für die höhere Staatsbeamten=
oder Diplomaten=Carrière geschickt machen.

Wenn auch die Väter ihrer Mütter nicht
am Leben waren, so besaßen doch andere hoch=
gestellte Verwandte von dieser Seite immer noch
Einfluß genug, um die beiden jungen Männer,
dafern sie nur halbwegs etwas gelernt hatten,
so zu poussiren, daß andere bürgerliche

Aspiranten auf diesen Felde ganz gewiß nicht Schritt mit ihnen halten konnten.

Eugen und Woldemar waren einer wie der andere von ihren Müttern gleich von Kindheit an in den Manieren der feinen Gesellschaft geschult worden, und als sie zur Universität übergingen, hatte man ihnen das „Odi profanum vulgus" zur Richtschnur ihres Benehmens empfohlen.

Sie hielten sich deshalb von jedem nähern Umgange mit ihren Mitstudenten, besonders solchen, die in die Kategorie der Renommisten und „ungeleckten Bären" gehörten, fern und verkehrten nur mit einander und einigen andern ihnen gleichenden Commilitonen, die ebenfalls Söhne reicher oder vornehmer Familien waren.

Außerdem bewegten sie sich, auf ihre Empfehlungen gestützt, in mehrern der ersten Häuser der Stadt und wurden fortwährend zu Diners und andern Familienfestlichkeiten eingeladen.

Man betrachtete sie einen wie den andern schon als zukünftige Minister oder Hofmarschälle

und in den reichen Familien, deren Bekannt=
schaft sie cultivirten, gab es mehr als ein
Töchterlein, welches im Stillen meinte, es müsse
gar nicht übel sein, später einmal mit „Excellenz"
angeredet zu werden.

Auch ließ sich erwarten, daß beide, Eugen
sowohl als Woldemar, sobald sie einmal die
diplomatische Laufbahn betreten hätten, aus
Rücksicht auf die Verdienste ihrer Ahnen mütter=
licherseits in den Adelstand erhoben werden
würden.

Man wunderte sich überhaupt, daß dies
nicht schon mit ihren den höchsten Kreisen der
Regierung und des Hofes so nahe stehenden
Vätern geschehen war.

Die beiden Banquiers hatte aber ihre guten
geschäftlichen Gründe, eine solche Erhebung,
die ihnen unter der Hand mehrmals angeboten
worden, allemal gehorsamst dankend abzulehnen.

II.

Die älteste Tochter des Commerzienraths Geier hatte sich mit einem Husarenleutenant verheirathet und der glückliche Brautvater hatte zur Feier dieses hochwichtigen Ereignisses einen glänzenden Ball veranstaltet.

Eugen und Woldemar waren in diesem Haus eingeführt und hatten folglich auch Einladung zu diesem Hochzeitsball erhalten.

Während einer Pause des Tanzes schlenderten sie Arm in Arm mit einander im Saal auf und ab.

Die jungen Damen saßen auf Stühlen und Sofa's an den Wänden herum und unterhielten sich mit den vor ihnen stehenden Herren oder mit einander selbst.

Auf dieses letztere Mittel, die Zeit zu vertreiben, waren besonders zwei blutjunge Damen

angewiesen, deren spitzige Schultern und noch
unentwickelte Büsten sie als Angehörige des
Reichs der „Backfische" kennzeichneten.

Es war das erste Mal, daß sie bei einer
solchen Fête als vollbürtige Theilnehmerinnen
derselben erschienen; den anwesenden Herren
waren sie sammt und besonders noch unbekannt
und dies war der Grund, weshalb sich jetzt in
der Pause keiner derselben bei ihnen eingefun-
den hatte, um mit ihnen jenes Austauschen
nichtssagender Redensarten zu betreiben, welches
man Conversiren nennt.

Junge Damen machen oft mehr Ansprüche
und sind zuweilen dünkelhafter als ältere und
bei den hier in Frage kommenden war dies in
ganz besonders hoher Potenz der Fall.

Die Vernachlässigung, die sie von der anwesenden Herrenwelt erfuhren, empörte sie
förmlich und sie machten ihrem Verdruß darüber
in so beißenden, scharfen Bemerkungen Luft,
daß sie damit eine glänzende Probe von dem
gaben, was sie später einmal auf dem Gebiet
der Médisance zu leisten versprachen.

„Nun, wie gefällt es Dir bei uns, Cora?"

fragte Adeline, die jüngste Schwester der Braut. „Hat mein Vater nicht ganz trefflich für Alles gesorgt?"

Cora war die Tochter eines reichen Sach= walters Namens Fernbach und mit Adeline von Kindheit an eben so genau bekannt und vertraut wie Eugen und Woldemar dies mit einander waren.

„Ach ja," entgegnete Cora, indem sie spöttisch den kleinen hübschen Mund verzog. „Bei Euch ist einmal Alles ausgezeichnet. Wir haben gut gegessen und getrunken, wir haben lustig getanzt, wir werden noch mehr essen, trinken und tanzen und jetzt, wo von all diesem nichts geschieht, unterhält man uns durch an= genehme Conversation."

Adeline war den ironischen Ton, in wel= chem ihre Freundin vorzugsweise gern zu sprechen pflegte, schon gewohnt.

Dennoch ärgerte sie sich jetzt darüber und sagte:

„Dafür kann mein Vater nicht. Er für seine Person thut Alles, was man von ihm verlangen kann, oder, richtiger gesagt weit

mehr als man von ihm verlangen kann. Siehst
Du nicht, wie er dort bei der alten Commis=
sionsräthin Mülder steht und aus Leibeskräften
mit ihr conversirt, trotzdem daß sie nicht blos
stocktaub, sondern auch stockdumm ist?"

„Ja, er hat sich da wirklich eine riesige
Aufgabe gestellt, die ihm nicht so leicht ein An=
derer abnehmen wird," gab Cora zu.

„Daß keiner der Herren Verstand oder
Artigkeit genug besitzt, sich mit uns in ein
Gespräch einzulassen, das ist natürlich nicht
meines Vaters Schuld," fuhr Adeline fort.
„Später natürlich, wenn wir ein wenig älter
geworden sind und diese Herren anfangen, uns
als Brücken zu betrachten, die zu dem Geld=
kasten unserer Väter führen, wird man uns
mehr beachten."

„Ja, wahrscheinlich," sagte die Tochter des
Sachwalters. „Ich werde mich aber dann für
heute zu rächen wissen und diese faden Gecken
chicaniren, daß sie Blut schwitzen sollen."

„Von mir sollen sie auch nichts Anderes
zu erwarten haben," bemerkte Adeline.

Es trat eine kurze Pause ein, dann hob

die junge Dame, welche zuletzt gesprochen, wieder an:

„Nicht einmal diese beiden feinen Studenten, die doch unter den Damen noch sehr wenig Bekanntschaft haben, nähern sich uns, sondern ziehen vor, mit einander im Saale herumzupromeniren."

Cora schauete nach der Richtung hin, in welcher die beiden jungen Männer sichtbar waren, und entgegnete:

„Ja und die wären doch für uns gerade die passendsten, denn sie sind, eben so wie wir unter den Damen, ihrerseits unter den Herren wohl die jüngsten. Wenn Du zwischen beiden die Wahl hättest, für welchen würdest Du Dich entscheiden?"

Adeline schien die Beantwortung dieser Frage nicht leicht zu finden. Sie musterte die beiden jungen Männer mit noch aufmerksamerem Blick als sie bisher gethan, und sagte dann mit so ernster Miene, als ob ihr Ausspruch die bedeutsamsten Folgen haben könnte:

„Ich weiß es selbst nicht recht, welchen ich

wählen würde, Cora. Offen gestanden, sie ge=
fallen mir alle beiden.

Cora glaubte ihrer Freundin an Aufrich=
tigkeit nicht nachstehen zu dürfen und entgeg=
nete daher:

„Mir geht es auch so. Sie sind beide,
wenn auch nicht geradezu schön, doch — was
bei dem Manne die Hauptsache ist — gut ge=
wachsen, sie wissen sich gut zu benehmen, sie
sind aus guter Familie, sie werden einmal
ihren Frauen eine gute Stellung zu bieten
haben — was will man von einem Manne
mehr verlangen?"

„Da hast Du vollkommen Recht, Cora,"
bemerkte Adeline mit ihrer altklugen Miene.
„Zwei Männer zu heirathen, ist aber einmal
nicht erlaubt und wir müßten uns daher —
wenn die Wahl bei uns stände — für den
einen oder den andern entscheiden. Also, wel=
chem würdest Du den Vorzug geben?"

„Nun," antwortete Cora nach einigem
Besinnen, „der in den weißen Kasimirpantalons
macht, wenigstens äußerlich, auf mich den besten
Eindruck. Wie es mit dem Innern der

beiden jungen Herren beschaffen ist, das wissen wir ja nicht," setzte sie lachend hinzu.

„Der in den weißen Kasimirpatalons" war Eugen, der auch in der That in Bezug auf seine Toilette weder von seinem Freund Woldemar noch von irgend einem der andern anwesenden Herren übertroffen ward.

„Ja," hob Adeline nach einer Weile wieder an, „es läßt sich nicht leugnen, daß dieser junge Mann — er heißt wohl Eugen Werner — seine körperlichen Vorzüge vollkommen ins Licht zu setzen weiß. Trüge er schwarze Pantalons wie sein Begleiter und die meisten übrigen Herren, so würden seine wirklich untadelhaft geformten Beine bei weitem nicht so zur Geltung kommen, wie es in ihren weißen Hüllen der Fall ist."

Es berührt den Leser vielleicht unangenehm, eine so blutjunge Dame etwas äußern zu hören, was selbst im Munde einer weit älteren nach den einmal in dieser Beziehung herrschenden Begriffen für eine halbe Unanständigkeit gilt.

Wir bitten aber, zu bedenken, daß es sich

im vorliegenden Fall um ein Gespräch unter
vier Augen zwischen Personen von gleichem
Geschlecht und Alter handelt, wo es jedenfalls
erlaubt ist, im Vertrauen mancherlei zu sagen,
was außerdem als streng verpönt zu betrach=
ten ist.

Daß wir als Erzähler unser Recht, auch die
intimsten Gespräche zu belauschen, mißbrauchen
und die Inbiscretion begehen, das, was wir
gehört, laut zu verkünden, dafür können die
armen Belauschten nicht.

Cora stimmte in das Lob, welches Abeline
dem Gliederbau des jungen Mannes und der
gutgewählten Bekleidungsweise desselben zollte,
mit ein.

In der That konnte man auch kaum etwas
Schöneres sehen als die starken vollen Schenkel,
die feingeformten nicht im mindesten hervor=
ragenden Knie und die zartgerundeten Waden
des feinen Studenten, dessen untere Hälfte —
die schwarzen Tanzschuhe abgerechnet — in dem
eng und faltenlos anschließenden weißen Kasimir
aussah, wie von der Meisterhand eines Bild=
hauers in Marmor gemeißelt.

Diese untadelhafte Formation des „untern Menschen" mußte einem aufmerksamen Beschauer einigermaßen befremden, denn Eugen's Oberkörper stand damit nicht in vollem Einklang. Die Brust war platt, die Schultern waren schmal und abfallend und der Hals selbst für einen schlanken Körperbau ein wenig zu lang.

Doch dergleichen Verstöße gegen die richtige Symmetrie begeht Mutter Natur gar nicht so selten; warum sollte ein solcher nicht auch bei Eugens körperlicher Entwickelung mit untergelaufen sein?

„Nun," sagte Cora lächelnd, nachdem sie sich mit der Ansicht ihrer Freundin einverstanden erklärt, „da Du Dich so entschieden zu Gunsten des weißbehof'ten Herrn Werner aussprichst, so wird mir wohl weiter nichts übrig bleiben, als mich mit seinem Begleiter, dem von oben bis unten schwarzcostümirten Herrn Blankenberg, zu begnügen."

Adeline glaubte, sich für diese Selbstverleugnung Cora's dankbar beweisen zu müssen, und dies nicht besser thun zu können, als wenn sie den jungen Mann, mit welchem ihre Freundin sich „begnügen" zu wollen erklärte, über die Gebühr herausstriche.

Sie sagte daher:

„Wenn das, was wir hier sprechen, nicht blos leeres Geschwätz wäre und Blankenberg wirklich der Deinige, eben so wie Werner der Meinige würde, so wüßte ich wirklich nicht, ob ich Dich nicht beneiden sollte. Blankenberg besitzt, wenn er auch nicht so wunderboll gewach= sen ist wie der Andere, doch ansprechendere Züge und ist auch, wie ich vermuthe, weit reicher, was ihm nothwendig einen Werth giebt, der höher anzuschlagen ist als der körperliche Vorzug, der sein Freund vor ihm voraus hat."

Cora sah die Tochter des Hochzeitsvaters mit fragendem Blick an und sagte:

„Was giebt Dir Grund, Adeline, zu ver= muthen, daß Blankenberg reicher sei als Werner?"

„Einfach der Umstand, daß Ersterer weit mehr und weit werthvollere Schmucksachen trägt als Letzterer," antwortete die Gefragte. „Sieh nur diese prachtvolle schwere goldene Uhrkette,

diese kostbaren Ringe, die jetzt, wo er die Hand=
schuhe ausgezogen hat, alle sichtbar sind, diese
Busennadel, die wenn sie — wie sich nicht an=
ders annehmen läßt, — ächt ist, wenigstens
fünfhundert Thaler gekostet haben muß!"

„Ja, das ist wahr," stimmte Cora bei.
„Jetzt zieht er die Uhr; sie ist von Gold und
mit Brillanten besetzt. Ich glaube, dieser
sämmtliche Schmuck ist mit tausend Thaler noch
zu niedrig veranschlagt."

„Das glaube ich auch. Nach meiner An=
sicht gehört ein nicht unbedeutender Grad von
Muth dazu, sich so als wandelndes Juwelier=
ladenschaufenster des Nachts auf die Straßen
zu wagen."

„Da hast Du Recht, Adeline. Es sind in
neuerer Zeit mehrfache Raubanfälle bei nächt=
licher Weile auf offener Straße vorgekommen
und mein Vater erzählte erst gestern bei Tische,
daß die Polizei sämmtliche Inhaber von Geld=
geschäftslocalen, Gold= und Silberwaarenlocalen
und dergleichen zu ganz besonderer Vorsicht und
Wachsamkeit hat ermahnen lassen."

„Ja, davon habe ich auch gehört," bestä=

tigte Abeline. „Es soll sich jetzt in unserer Stadt eine förmliche Diebes= und Räuberbande aufhalten, vor welcher nichts sicher ist."

„Mein Himmel, wenn dieses feine Mutter= söhnchen solchen Strolchen in die Hände fiele, ich glaube nicht, daß sie lange Umstände mit ihm machen würden."

„Du meinst, man könnte den armen rei= chen Schelm ermorden?"

„Warum nicht?" fuhr die kleine frivole Cora fort. „Man brauchte ihn ja nur abseits in einen Keller oder ein sonstiges Versteck zu schleppen, ihn wie er geht und steht in einen Schmelztiegel zu werfen und über einem wohl= concentrirten Feuer zu verdampfen, dann bliebe das, was an ihm werthvoll ist, in einem Klumpen zurück."

Abeline lachte und wollte eine gleich witzige Bemerkung hinzufügen.

In diesem Augenblick aber begann das Orchester wieder zum Tanz aufzuspielen.

Herr Geier, der Hochzeitsvater, ein sehr kluger Mann, hatte wohlweislich zu seinem Balle weit mehr tanzlustige junge Herren als

Damen eingeladen, damit von den Letztern keine in Gefahr käme, als „Mauerblümchen" zu figuriren.

Die Folge davon war, daß selbst unsere beiden Backfische ihr interessantes Gespräch nicht weiter fortsetzen konnten, sondern bald in den Armen der zwei feinen Studenten, welche Gegenstand dieses Gesprächs gewesen, den Saal durchflogen.

III.

Eugen Werner hatte seine Wohnung in einem Hause, worin noch ein anderer Student logirte.

Dieser andere Student war durchaus kein „Schniepel," sondern ein rüder Corpsbursche, der alle unangenehmen Eigenschaften, die ein Musensohn der damaligen Zeit für andere Menschen haben konnte, bis zum Exceß cultivirte.

Eugen war Finke, das heißt er gehörte keiner Verbindung an, und sowohl in Folge dieses Umstandes als auch wegen der Antipathie die zwischen ihm und Rümpler — so hieß ominöserweise sein Commilitone und Hausgenosse — überhaupt bestand, kamen die Beiden in fast gar keine Berührung mit einander.

9

An demselben Abend, wo Eugen Werner
sich auf dem Hochzeitsballe befand, hatte
Rümpler noch einige andere Studenten bei sich.

Es war heute sein Geburtstag. Deshalb
hatte er ein Fäßchen Bier anschroten lassen und
vier oder fünf gute Bekannte eingeladen, um
es mit diesen gemeinschaftlich zu vertilgen.

Diese Aufgabe lösten die angehenden
Priester der Wissenschaft in weit kürzerer Zeit,
als Rümpler selbst geglaubt hatte.

Schon kurz nach Beginn des kleinen Ge=
lags sah er ein, daß er die Leistungsfähigkeit
seiner Gäste unterschätzt hatte.

Er selbst würde sich geschämt haben, ihnen
in dieser Beziehung nachzustehen, und half da=
her, als er sah, daß er sich einmal verrechnet
hatte, treulich mit, seinen Vorräthen ein rasches
Ende zu bereiten.

Die Folge hiervon war, daß die fidelen
Zecher sich schon kurz nach zehn Uhr aufs
Trockene gesetzt sahen.

Die Anschaffung neuen „Stoffs" wäre mit
allerhand Weitläufigkeiten verknüpft gewesen,
von Beendung der lustigen Geburtstagsfeier

konnte aber zu einer verhältnißmäßig so frühen Stunde auch keine Rede sein.

„Wißt Ihr was, Freunde?" sagte Rümpler, als er das letzte Seidel aus dem auf zwei zusammengeschobenen Stühlen liegenden „gekippten" Faß eingeschenkt hatte; „wißt Ihr was? Wir gehen noch ein paar Stunden auf unsere Stammkneipe. Ich habe noch einen höllischen Brand im Halse und kann so nicht zu Bett gehen"

Die andern Zecher gestanden, daß es ihnen eben so ginge wie ihrem Wirthe, und erklärten sich daher mit seinem Vorschlag einverstanden.

Man verließ demgemäß kurz darauf das Zimmer des rümpelhaften Geburtstagskindes und ging mit demselben die Treppen hinunter, um das Haus zu verlassen.

Als man in das Parterre herunterkam, blieb einer der Studenten vor einer Thür stehen und las beim Scheine der in der Hausflur angebrachten noch hell brennenden Laterne eine mit vier gelben blanken Zwecken sauber befestigte, zierlich lithographirte Adreßkarte, auf welcher die Worte:

9.

„Eugen Werner, Stud. jur."
standen.

„Werner?" wiederholte der Student, nach=
dem er gelesen. „Ist das der Schwonich, der
Seidenhase, der geschniepelte Kerl, der zur
Schande und zum Spott der ganzen Studenten=
schaft umherläuft, wie ein wandelndes Mode=
journal?"

„Ja wohl, das ist er," bestätigte Rümpler.
„Er und sein Freund Blankenberg, der auch
ein solcher Zierbengel ist, sollten gar nicht als
wirkliche Studenten betrachtet werden. Sie
kneipen nicht mit uns und halten sich blos zu
feinen Philistern."

„Jetzt liegt der Kerl wohl schon im Neste?"
fragte ein Anderer.

„O nein. Heute Abend ist er auf dem
großen Hochzeitsballe bei dem reichen Banquier
Geier."

„Woher weißt Du denn das?

„Ich poussire," entgegnete Rümpler, „manch=
mal im Vorbeigehen den Besen seiner Wirthin
und auf diesem Wege erfuhr ich es heute gegen
Abend."

„Wer ist denn seine Wirthin?"

„Die Wittwe eines Beamten. Sie ist seit mehrern Tagen verreist und kommt, wie ich hörte, erst übermorgen wieder."

„Dann ist der Besen jetzt allein?"

„Ja wohl".

„Donnerwetter! Da hätten wir famose Ge= legenheit, einmal bei dem Kerle aufzuräu= men!"

„Ja, das könnten wir thun," stimmte Rümpler bei. „Ich will gleich einmal klingeln."

Es herrschte zu jener Zeit unter den Stu= denten der Universität, mit welcher wir es hier zu thun haben, der löbliche Gebrauch, daß wenn ein oder mehrere Studenten in die Wohnung eines andern kamen und diesen nicht zu Hause trafen, sie sich das Vergnügen mach= ten, bei ihm ein wenig „aufzuräumen."

Die Ordnung in einem Studentenzimmer ist in den meisten Fällen eine sehr mangelhafte, dieses sogenannte Aufräumen aber hatte oben= drein den Zweck, diese schon vorhandene Un= ordnung zu einem förmlichen Chaos zu steigern.

Zur Erreichung dieses lobenswerthen

Zweckes leerte man zunächst alle im Zimmer
vorhandenen Schubfächer, Commodenkasten und
andere Behältnisse aus und stülpte dann die
auf diese Weise geplünderten Möbels mit den
übrigen in der Mitte des Zimmers zu einer
artigen Pyramide über einander, die hierauf
mit den vorgefundenen Kleidungsstücken, Wäsch=
gegenständen, Fenstervorhängen und dergleichen
auf geschmackvolle Weise decorirt ward.

Dies war der „Witz", den Rümpler und
seine Gäste sich jetzt mit ihrem ihnen allen so
verhaßten feinen Commilitonen zu machen ge=
dachten.

Rümpler war, wie es einem ächten Bur=
schen zukommt, ein Mann der That und hatte
seine Absicht, die Klingel zu ziehen, kaum aus=
gesprochen, als er es auch schon auf die nach=
drücklichste Weise that.

„Sobald die Thür geöffnet wird," flüsterte
er den andern Studenten zu, „drängt Euch
nur rasch hinter mir her hinein. Mit dem
Mädchen werde ich schon fertig."

Mine, das Dienstmädchen, oder, wie die
zarte Burschensprache sich ausdrückt, „der

Besen", stand eben im Begriff, sich zu Bett zu legen.

Ihre Herrin war, wie mir bereits gehört, verreist und Herr Eugen Werner hatte seinen Haus= und Saalschlüssel, so daß er zu jeder beliebigen Stunde nach Hause kommen konnte, ohne daß Jemand auf ihn zu warten brauchte.

Als Mine daher auf einmal so heftig in die Klingel reißen hörte, erschrak sie nicht wenig, denn sie glaubte, es brenne im Hause, oder ihre Herrin sei eher als sie sich vorgenommen wieder zurückgekehrt, oder es habe sich sonst etwas Unangenehmes ereignet.

Sie erstaunte daher, nachdem sie sich rasch wieder in die Kleider geworfen und die Thür geöffnet hatte, nicht wenig, ihren Hausgenossen Rümpler vor sich zu sehen.

Mine war ein munteres, hübsches Mäd= chen; wäre sie aber auch noch viel hübscher gewesen, so wäre es doch dem stolzen Eugen Werner nicht eingefallen, ihr irgend eine kleine Schmeichelei zu sagen oder sich auch nur den mindesten Spaß mit ihr zu erlauben.

Rümpler dagegen war in Bezug auf das

weibliche Geschlecht durchaus kein Kostverächter
und ließ keine Gelegenheit unbenutzt, wo er
mit einem Mädchen, wenn es auch weniger
hübsch war als das, von welchem wir hier
sprechen, seinen „Ulk" treiben konnte.

Er war von Wuchs und Gesicht durchaus
nicht häßlich und Mine wünschte, wenn er
dann und wann im Vorbeigehen ein paar Worte
mit ihr gewechselt und einige kleine Liebkosun=
gen ausgetauscht hatte, allemal, daß er anstatt
des hochmüthigen Eugen Werner der Mieths=
mann ihrer Herrin sein möchte.

So gewogen sie ihm aber auch war, so
erschrak sie doch, wie schon bemerkt, nicht wenig,
als sie ihn zu so ungewohnter Stunde und
noch dazu in Begleitung so vieler, offenbar be=
trunkener, Kameraden vor sich sah.

„Guten Abend, liebes Minchen," sagte
Rümpler; „ist Herr Werner zu Hause?

„Herr Werner?" wiederholte das Mädchen.
„Ich sagte Ihnen ja, als Sie mir gegen Abend
begegneten, daß er auf einem Hochzeitsball sein
würde."

„Ach ja!" entgegnete Rümpler, als ob er

sich plötzlich besänne. „Das ist ja wahr! Doch gleichviel, wenn er auch selbst nicht zu Hause ist, so wollen wir wenigstens seinem Zimmer einen kurzen Besuch abstatten."

Mit diesen Worten drängte er das Mäd=chen auf die Seite und ging an ihr vorbei durch den Vorsaal nach der Thür, an welcher eine gleiche Abreßkarte wie die an der äußern Thür ersichtliche befestigt war.

Seine Kameraden folgten ihm dicht auf dem Fuße.

Werners Zimmer war unverschlossen und die lärmende Rotte drang hinein.

„Aber, meine Herren," rief Mine mit dem Ausdruck der größten Angst, „was wollen Sie denn hier?"

„Das ist unsere Sache, liebes Minchen!" sagte Rümpler. „Geben Sie Ihr Licht her und lassen Sie uns nur machen. Wir wollen blos ein wenig aufräumen."

Indem Rümpler dies sagte, nahm er dem Mädchen die brennende Lampe, die sie in der Hand trug, ab, drängte sie selbst von der Schwelle hinweg aus dem Zimmer hinaus

und schloß die Thür, welche er von innen
verriegelte.

„Nun geschwind an's Werk, damit wir
nicht etwa überrascht werden," sagte er dann zu
seinen Kameraden. „Dieser Kerl wohnt hier
gar nicht wie ein rechtschaffener Student, sondern wie eine fürstliche Maitresse. Er soll
aber, wenn er nach Hause kommt, sein blaues
Wunder sehen."

Das Zimmer, welches Eugen Werner ge-
miethet, war auch wirklich von der Art, daß
außer dem, welches sein Freund Blankenberg in
einem andern Hause innehatte, wohl kaum das
irgend eines andern Studenten damit zu ver-
gleichen war.

Abgesehen von den prachtvollen Möbels,
mit welchen es ausgestattet war; herrschte darin
auch die größte Sauberkeit und Ordnung, und
die Rotte roher Gesellen, die es jetzt mit ihren
qualmenden Tabakspfeifen verstänkerten und
mit ihren schmutzigen Stiefeln besudelten, nah-
men sich darin aus wie eine Vandalenhorde in
einem Kunsttempel.

Die Aufforderung Rümplers fand bereit-

willigen Gehorsam und ehe zehn Minuten vergingen, waren sämmtliche Fächer des Secretairs,
der Chiffonniére, einiger kleinen Kommoden und
Schränkchen so wie der im anstoßenden Schlafzimmer stehende Kleiderschrank ausgeleert und
der Inhalt auf dem Fußboden umhergestreut.

Sogar das schöne weiße weiche Bett, welches würdig gewesen wäre, den Träumen einer
Prinzessin zum Schauplatz zu dienen, blieb nicht
verschont, sondern ward in seine einzelnen Bestandtheile aus einander gerissen, um mit zum
Aufbau der großen „Pyramide" verwendet zu
werden.

Eben wollte man zu dieser nach Rümplers
Anleitung das Fundament legen, als der mit
dem Ausräumen des Kleiderschrankes beschäftigte
Vandale rief:

„Heda, kommt einmal her und seht! Was
sind denn das für Dinger?"

Und indem der betreffende Vandale dies
sagte, hielt er zugleich in seinen beiden Händen
zwei Gegenstände empor, die allerdings geeignet
waren, mit Befremden und Verwunderung betrachtet zu werden.

Es waren nämlich zwei Paar feine weiße
Hosen, die aber täuschend so aussahen, als
wären sie die untern Hälften zweier Apollo-
statuen ohne Füße.

Die Symmetrie und Rundung der Schenkel, die zarte Form der Kniee und feine
Schwellung der Waden war eine meisterhaft
vollendete und das Ganze ein wahrhaftes Kunst-
werk zu nennen.

„Ha!" rief Rümpler mit wieherndem Gelächter, „das sind ja Wattons!"

„Wie? was? Wattons?" wiederholten die
andern Studenten, indem sie Rümpler mit
fragenden Blicken ansahen.

„Ja wohl, Wattons nennt man dieses
schniepelhafte Blendwerk," fuhr Rümpler fort.
„Ich bin mit einem Schauspieler bekannt, der
mir, als ich neulich einmal bei ihm war, auch
ein Paar solche Dinger zeigte, die aber lange
nicht so schön und kunstreich gearbeitet waren, wie
diese. Der Kerl hat nämlich ganz spindeldürre
und noch dazu etwas krumme Beine und be-
dient sich, wie viele seiner Collegen, dieses

Hülfsmittels, um den Fehlern, welche die Natur an ihm begangen, abzuhelfen. Wie es scheint macht unser würdiger Commilitone es ebenso."

"Ja," sagte einer der andern "Aufräumer," "nun ist es mir erklärlich, warum dieser Werner, der oben herum aussieht wie ein Schwächling erster Klasse, immer auf so strammen, wohlgeformten Beinen einherwandelt. Ist es aber für einen Studenten nicht eine Schande, solche elende Theater= und Stutzerkünste nach= zuahmen und den Leuten auf diese Weise Sand in die Augen zu streuen?

"Freilich ist es eine Schande", stimmte Rümpler bei. "Der Kerl muß blamirt werden und zwar auf eine Weise, daß ihm die Augen übergehen. Kommt, Brüder, und laßt uns jetzt vor allen Dingen unsere Pyramide fertig machen. Auf diese stecken wir dann ein Paar dieser Wattons als Spitze, das andere Paar nehmen wir mit."

"Aber zu welchem Zwecke?"

"Darüber wollen wir uns auf der Kneipe mit einander berathen. Jetzt erst die Pyra=

mide fertig gemacht," antwortete der Anführer
der Rotte.

Es dauerte nicht lange, so stand das
kunstreiche Bauwerk in der von Rümpler an=
gedeuteten Weise gekrönt da.

Dann befestigte er das zweite Paar
Wattons an der Spitze seines Stocks nach
Art einer Fahne oder eines Banners und rief:

„So! Nun können wir abmarschiren.
Vorwärts!"

Die arme Mine war, während die betrun=
kenen Studenten in dem verschlossenen Zimmer
herumhanthierten, verzweiflungsvoll und hän=
deringend auf dem Vorsaal hin= und her=
gelaufen.

Als jetzt die Thür aufgeworfen ward und
die ungebetenen Gäste mit dem seltsamen Ban=
nerträger an der Spitze herausgestürmt kamen,
rief sie:

„Ach du lieber Himmel, Herr Rümpler,
was haben Sie da drinnen gemacht! Was wird
Herr Werner sagen! Wie wird es mir von
Madame ergehen, wenn sie wiederkommt! Wo
wollen Sie denn diese Hosen hintragen?".

„Schweig, Du hübsches Menschenkind!“
rief Rümpler pathetisch, indem er der Fragen
den, wie er mit ihr schon oft gethan, liebkosend
unter das Kinn griff. „Wälze nur die ganze
Schuld auf mich! Was diese Hosen betrifft, so
wird damit geschehen, was Rechtens ist.“

Mit dieser Erklärung gab Rümpler dem
Mädchen einen herzhaften Kuß, die andern
Studenten thaten rasch nach der Reihe dasselbe
und waren eine Minute später zum Hause
hinaus.

IV.

Ohne die leiseste Ahnung, welche Ver=
wüstung und Zerstörung eine Rotte betrunkener
Unholde in seiner Wohnung anrichtete und
welche für ihn compromittirende Entdeckung
dabei gemacht ward, tanzte Eugen Werner auf
dem Hochzeitsballe im Hause des reichen Com=
merzienraths mit Adeline, der jüngsten Tochter
desselben.

So zurückhaltend er und sein Freund sich
während der ersten Hälfte des Balles gezeigt,
so redselig und aufmerksam gegen die Damen=
welt zeigten sie sich während der zweiten.

Der Grund hiervon lag hauptsächlich da=
rin, daß die beiden jungen Herren während der
letzten Pause am Büffet dem guten Wein des
Commerzienrathes ein wenig zugesprochen
hatten und dadurch in eine etwas kühne

und eroberungslustige Stimmung versetzt wor=
den waren.

Ganz besonders waren es die beiden
jugendlichen Freundinnen, deren noch in der
Entwickelung begriffene Reize auf die beiden
feinen Studenten den nachhaltigsten Eindruck
zu machen schienen.

Ein ferner weiter Glücksumstand waltete
hierbei insofern ob, als die Zuneigung der bei=
den jungen Herren sich gerade in der Weise
kundgab, wie es den uns bekannten eigenen
Wünschen der jungen Damen selbst entsprach.

Während nämlich Eugen mit den tadellos
geformten Beinen sich vorzugsweise an Adeline
attachirte, suchte der so verschwenderisch mit
kostbaren Ketten und Ringen geschmückte Wol=
demar das Herz der ironischen Tochter des
reichen Sachwalters gewinnen zu wollen.

Die Folge hiervon war, daß, als der Ball
etwa eine Stunde nach Mitternacht zu Ende
ging, die beiden jugendlichen Paare wechselseitig
die Hoffnung aussprachen, einander bei einer
ähnlichen festlichen Gelegenheit bald wieder=
zusehen.

Es stellte sich hierbei die für Woldemar Blankenberg und Cora Fernbach sehr interessante Thatsache heraus, daß Beide in einem und demselben Hause wohnten.

Woldemar hatte die in der zweiten Etage des betreffenden Hauses gelegene Wohnung, die er als Nachmiether inne hatte, erst seit zwei Tagen bezogen und noch nicht Gelegenheit oder Veranlassung gehabt, sich nach seinen Hausge= nossen zu erkundigen, denn sonst würde er er= fahren haben, daß der reiche Sachwalter mit seiner Familie die erste Etage bewohnte.

Nun aber wußte er es und nahm sich im Stillen vor, die Gelegenheit, mit der kleinen pikanten Cora zusammenzutreffen, so oft als möglich zu suchen und bestens zu benutzen.

Beide ahnten in diesem Augenblick nicht, daß sie einander noch viel eher wiedersehen sollten, als sie dies jetzt für möglich gehalten hätten, obschon freilich unter Umständen, welche die Freude des Wiedersehens auf der einen wie auf der andern Seite bedeutend beeinträchtigen mußten.

Der Ball war, wie schon bemerkt worden,

zu Ende, die Gesellschaft aber stand noch in
einzelnen Gruppen im Saale beisammen, um
den Tänzern und Tänzerinnen Zeit zu lassen,
sich erst ordentlich abzukühlen, ehe sie sich in
der scharfen, feuchten Herbstnachtluft auf den
Heimweg machten, der für manche der Gäste —
z. B. für Cora und ihren Vater und folglich
auch für Woldemar — ein sehr weiter war.

Das Brautpaar hatte sich, — wie dies Neu=
vermählten auch gar nicht zu verdenken ist —
natürlich schon lange vor Mitternacht vom
Balle hinweggeschlichen; der Hochzeitsvater aber,
ein alter mordfideler Kauz, welcher stets aus=
hielt bis auf den letzten Mann, stand noch
mitten im Saale und unterhielt sich mit meh=
rern um ihn herumstehenden Personen auf's
Lebhafteste.

Sein dunkelroth glühendes Gesicht verrieth,
daß auch er die Schätze seines Weinkellers ge=
bührend zu würdigen verstand.

Plötzlich näherte sich ihm einer seiner
Livreediener.

„Entschuldigen Sie einen Augenblick, meine
Herrschaften," sagte der Commerzienrath zu den

Herren und Damen, mit welchen er sich gerade im Gespräch befand, „wie ich sehe, hat mein Diener mir etwas zu melden. Was willst Du, Franz?"

Der Diener trat noch einen Schritt näher an seinen Herrn heran und sagte im gedämpftem Tone:

„Herr Commerzienrath, es sind fünf oder sechs Studenten draußen, welche um die Erlaubniß bitten, Ihnen zu dem heutigen frohen Tage gratuliren zu dürfen."

„Studenten?" entgegnete der Hochzeits=vater lachend. „Was fällt denn diesen ein? Na, wenn sie mir einmal durchaus gratu=liren wollen, so mögen sie es thun. Laß sie nur herein."

„Aber, Herr Commerzienrath," fuhr der Lakei in noch gedämpfterem Tone fort, „die jungen Leute sehen mir etwas wüst aus und scheinen betrunken zu sein. Ueberdies trägt einer davon an seinem Stock etwas, was wie ein halber Cadaver ohne Füße aussieht."

Der Commerzienrath lachte wieder und rief:

„Wie ein halber Cadaver? Das wäre der
Teufel! Laß nur die Leutchen hereinkommen!
Wenn sie ein wenig betrunken sind, so sind wir
auch nicht ganz nüchtern. Heute, besonders
jetzt zum Auskehr, wird es nicht so genau
genommen. Also herein mit den Leutchen,
sage ich!"

Der Diener, welcher — wie dies in vie=
len vornehmen Häusern vorkommt — difficiler
zu sein schien als sein Herr, entfernte sich kopf=
schüttelnd.

„Meine Herrschaften", sagte der Commer=
zienrath, indem er sich wieder nach seinen
Gästen herumdrehete, „es steht uns, wie es
scheint, noch ein kleiner Spaß bevor. Einige
Studenten haben mich soeben um Erlaubniß
bitten lassen, hereinkommen und mir ihre Glück=
wünsche darbringen zu dürfen."

„Studenten?" sagte Eugen verwundert zu
seinem Freund Woldemar. „Was soll das
heißen?"

Beide hatten sich bei Adeline und Cora
bereits verabschiedet und standen eben im Begriff,
den Saal zu verlassen.

Ehe Blankenberg noch etwas entgegnen konnte, öffnete sich die Saalthür wieder und herein schritten oder wankten vielmehr die angemeldeten Studenten mit Rümpler an der Spitze.

Bei dem Anblick des sonderbaren Banners, welches der Letztere trug, entfuhr Allen, namentlich den weiblichen Theile der Gesellschaft ein Ausruf des Erstaunens und Entsetzens.

„Guten Abend, Herr Commerzienrath!" sagte Rümpler als Wortführer mit seinem tiefen Bierbaß. „Wir kommen, um Ihnen zu dem freudigen Ereigniß, welches sich heute in Ihrer Familie zugetragen, unsere besten Glückwünsche darzubringen und nebenbei unserm patenten Commilitonen Herrn Eugen Werner einen kleinen Gefallen zu thun. Wir haben in seiner Abwesenheit in seinen Zimmer ein wenig aufgeräumt, wie wir es nennen, und dabei zwei Paar Dinger gefunden, von welchen wir ihm hier ein Paar für den Fall bringen, daß das, welches er bereits anhat, vom vielen Tanzen und Springen faltig und unscheinbar geworden sein sollte. Wir wissen, wie viel ihm daran liegt, seine wohl-

geformten Gliedmaßen stets in's beste Licht zu
setzen, und wollten ihm auf diese Weise behülf=
lich sein."

Rümpler, der, wenn er betrunken war,
anstatt eine schwerfällige, eine immer geläufigere
Zunge bekam, hätte diese Anrede wahrscheinlich
noch viel weiter fortgesponnen, wenn er nicht
plötzlich bemerkt hätte, daß er mit seinen Ka=
meraden ganz allein im Saale stand.

Die ganze Gesellschaft war verschwunden
und Niemand weiter zu sehen, als eben die
Pseudogratulanten und zwei oder drei Lakaien,
welche rasch nach einander die Lichter aus=
löschten.

„Wie es scheint," sagte Rümpler zu seinen
Kameraden, „hat man hier keinen Sinn für
unsere Ideen, und damit wir nicht etwa noch
im Hause des Philisters die finstere Treppe
hinunterstürzen und die Hälse brechen, wollen
wir auch lieber machen, daß wir fortkom=
men."

Mit diesen Worten machte der Anführer
des Trupps Kehrt und verließ mit seinen Ge=
nossen Saal und Haus.

Der Krach, womit der Portier hinter
ihnen das Thor in's Schloß warf und den
innern Riegel vorschob, sagte deutlicher, als es
durch Worte hätte geschehen können, daß der=
gleichen Besuche in diesem Hause nie wieder
angenommen werden würden.

Die rohen Gesellen, welche dies voraus=
gesehen, machten sich jedoch daraus nicht viel,
sondern zogen schreiend, singend und lachend
noch einmal auf die Stammkneipe, von welcher
aus sie diese späte Expedition unternommen,
um sich bei Bier und Tabak der würdigen
Weise, womit sie Rümpler's Geburtstag be=
gangen, zu freuen, bis der spät anbrechende
Morgen dem wüsten Gelage ein Ende machen
würde.

V.

Unter den Gästen, welche während Rümpler's Anrede den Saal verlassen hatten, war natürlich Eugen Werner einer der ersten.

Der Anblick seines Feindes Rümpler und eines seiner so geheimgehaltenen, von dem Theaterschneider der Residenz gefertigten Verschönerungsapparates sagte ihm in Verbindung mit dem, was Rümpler über „Aufräumen" äußerte, daß er nicht blos vor der ganzen Gesellschaft und folglich so gut wie vor der ganzen Stadt blamirt und lächerlich gemacht sei, sondern daß er auch bei seiner Nachhausekunft sein Zimmer in einem Zustande finden würde, der ihn schon im Voraus und ungesehen mit Schauder erfüllte.

Er verweilte blos lange genug, um zu

sehen, wie Adeline und Cora flüsternd die
Köpfe zusammensteckten und sich dann kichernd
abwendeten.

Wie von tausend Furien gehetzt, rannte
er fort, die Treppe hinunter und zum Hause
hinaus.

Er war noch nicht ganz bis an die Ecke
der Straße gelangt, als er eine Stimme hinter
sich vernahm, welche rief:

„Aber, Eugen, so warte doch!"

Die Stimme war die Woldemar's und
Eugen blieb stehen.

„Ich will Dich nach Hause begleiten,"
fuhr Woldemar fort. „Diese gemeinen Kerle
werden in Deinem Zimmer nicht schlecht ge=
haust haben und ich will es Dir wenigstens
einigermaßen wieder in Ordnung bringen hel=
fen. Ich möchte nur wissen, wie sie hineinge=
rathen sind!"

„Das ist mir auch ein Räthsel," sagte
Eugen. „O, Woldemar, wie entsetzlich! In
dieser Stadt hier kann ich mich vor keinem
Menschen mehr sehen lassen!"

Woldemar hatte schon lange bemerkt, daß

die schönen, vielbewunderten Beine seines
Freundes nicht sowohl der Natur als vielmehr
der Kunst ihre vollendete Form verdankten.

Dennoch hatte er aus Zartgefühl nie et=
was darüber geäußert, obschon er oft mit stillem
Neid die Blicke bemerkt hatte, die aus schönen
Augen an ihm vorüberglitten, um auf Eugen
zu verweilen.

Er wußte jedoch, daß er auch seine
Schwächen hatte, die von Eugen in gleicher
Weise geschont und ignorirt worden.

Deshalb sagte er auch jetzt weiter nichts,
um den armen Blamirten nicht noch mehr zu
demüthigen, als er es schon war.

Als die beiden Freunde in Eugen's Woh=
nung traten, fanden sie die weinende Mine
noch wach.

Sie erzählte den Hergang und half dann
den beiden jungen Herren, so weit sie es nicht
schon allein gethan, die Möbelpyramide wieder
in ihre einzelnen Bestandtheile zerlegen und diese
an die ihnen zukommenden Plätze bringen.

Zu den ganz zu oberst verkehrt, d. h. mit
den untern Enden nach der Decke ragend, auf=

gesteckten Wattons hatte das arme geängstete,
von Wuchs nicht sehr große Mädchen nicht ge=
langen können. Eugen sah daher, daß auch
Mine ihn forthin nicht ohne heimlichen Spott
betrachten könnte und daß dies später von Sei=
ten seiner heimgekehrten Wirthin in gleicher
Weise der Fall sein würde.

Nach etwa einer Stunde waren Wohn=
zimmer und Schlafgemach so leiblich wieder
wohnlich gemacht und Woldemar sagte nun
seinem schwergeprüften, tiefgebeugten Freund
gute Nacht, indem er zugleich versprach, den
nächstfolgenden Tag bei guter Zeit sich wieder
einzufinden, um das in Folge dieser schauderösen
Vorgänge nöthig Erscheinende mit ihm zu be=
sprechen.

VI.

Als Woldemar aus Eugen's Wohnung heraus auf die Straße trat, war es gegen zwei Uhr nach Mitternacht.

Die Nacht war stockfinster.

Allerdings stand Mondschein im Kalender, der Himmel aber war so dicht und schwarz bewölkt, daß von dem ohnehin im Abnehmen begriffenen Monde keine Spur, weder am Himmel noch auf Erden, zu bemerken war.

Die Behörde der Stadt nahm jedoch von dergleichen Zufälligkeiten der Natur keine Notiz, sondern hatte den Laternenwärtern in ihrer Instruction streng vorgeschrieben, bei bewölktem Nachthimmel, ebenso wie bei unbewölktem, sich mit dem Laternenanzünden und =auslöschen genau nach dem Kalender zu richten und den Mond, dafern er nur überhaupt am Himmel

stünde, als scheinend anzunehmen, mochte ihn
nun ein menschliches Auge zu erblicken im
Stande sein oder nicht.

Der Weg von Eugen's Wohnung nach der
Woldemar's war ein sehr weiter, denn die betreffenden Häuser lagen von dem des Commerzienrathes aus nach entgegengesetzten Richtungen
und Woldemar hatte folglich dadurch, daß er
erst Eugen nach Hause begleitet, den eigenen
Weg um diese Strecke verlängert.

Ein guter Fußgänger brauchte wenigstens
Dreiviertelstunde, um die ganze Entfernung zu-
rückzulegen.

Wie gern hätte Woldemar einen Thaler
oder mehr bezahlt, wenn er jetzt eine Droschke,
und wäre es selbst die elendste gewesen, hätte
bekommen können!

Dazu aber war jetzt, so tief in der Nacht,
wo es nur noch ganz wenig Passanten auf
den Straßen gab, keine Aussicht vorhanden.

Woldemar ergab sich daher auch ohne
Weiteres in sein einmal unvermeidbar scheinen-
des Schicksal, den ganzen weiten Weg zu Fuße
zurücklegen zu müssen, und fing an, tüchtig

auszuschreiten, denn die Nacht war nicht blos
finster und kalt, sondern es begann auch ein
feiner Regen zu fallen.

Plötzlich und ganz gegen sein Erwarten
hörte Woldemar das Rasseln eines Wagens,
der, aus einer Seitenstraße um die Ecke bie=
gend, in kurzer, sich rasch vermindernder Ent=
fernung hinter ihm herkam.

Woldemar blieb stehen und ließ den Wa=
gen vollends herankommen.

Es war eine gewöhnliche Droschke.

„Besetzt?" fragte Woldemar.

„Ja," antwortete der Kutscher, „aber —"

„Wo wollen Sie denn hin, mein Herr?"
fragte eine kräftige Baßstimme aus dem un=
geschlossenen Fenster des Wagens heraus.

Woldemar nannte die so weit entfernte
Straße, in welcher er wohnte.

„O, das trifft sich ja ganz schön!" ent=
gegnete der Passagier mit der kräftigen Baß=
stimme. „Da wollen wir auch hin. Steigen
Sie mit ein, mein Herr! Wir haben noch viel
Platz."

Zugleich ward der Schlag des Wagens

von innen auf zuvorkommende Weise ge=
öffnet.

Woldemar zögerte natürlich nicht, von
diesem ihm so erwünscht kommenden Anerbieten
Gebrauch zu machen, sondern sprang schleunigst
in den Wagen hinein.

Es war sehr finster in demselben, bei dem
matten Scheine der Cigarre aber, welche der
Mann mit der kräftigen Baßstimme rauchte,
sah man, daß außer ihm noch ein Passagier
sich im Wagen befand.

Der Mann mit der Cigarre saß auf dem
Hintersitz und der andere Passagier auf dem
Vordersitz.

Der Erstere ergriff Woldemar, nachdem
derselbe eingestiegen, bei der Hand, zog ihn
neben sich nieder und sagte:

„Setzen Sie sich hierher, mein Herr. So!
Nun sind wir unser Drei; vielleicht treffen wir
unterwegs noch einen Vierten, dem wir den
Gefallen thun können, ihn mitzunehmen.“

Dann neigte er sich wieder zu dem offenen
Fenster hinaus und rief dem Kutscher zu:

„Nun vorwärts! Aber hübsch langsam,

damit wir bei dieser Stocknacht kein Unglück haben. Man hat," setzte er dann wie zur Erläuterung dieser dem Kutscher ertheilten Weisung hinzu, „in einigen der Straßen, die wir zu passiren haben, wegen der neuen Gasleitung das Pflaster aufgerissen; deßhalb habe ich dem Kutscher Vorsicht empfohlen."

Woldemar bemerkte mit einigen kurzen Worten, daß er dies nur billigen könne, und sein gesprächiger Nachbar fuhr, während der Wagen mit sehr gemäßigter Geschwindigkeit weiterrollte, fort:

„Wir kommen aus dem neuen Tivoli, welches heute mit Concert und öffentlichem Ball eingeweiht ward, und haben uns sehr gut amüsirt. Es waren sehr viel liebenswürdige Damen da."

Woldemar glaubte, der Höflichkeit gemäß nun auch sagen zu müssen, wo er herkäme, und entgegnete daher:

„Ich komme von dem Balle, welchen der Commerzienrath Geier zur Feier der Vermählung seiner ältesten Tochter veranstaltet hatte."

„Ah so", sagte der Mann mit der kräf-

11

tigen Baßstimme und setzte nach einer Weile hinzu:

„Da muß viel feine Welt versammelt gewesen sein."

„Ach ja," entgegnete Woldemar. „Es waren auch viel schöne Damen da, wenn auch vielleicht nicht ganz so liebenswürdige wie im neuen Tivoli gewesen sein werden".

Der Nachbar des feinen Studenten lachte und antwortete dann:

„Ich weiß, was Sie sagen wollen, mein Herr! Lieber Gott, es amüsirt sich hier auf dieser Welt Jeder so gut er kann, und wer nicht in vornehme Privathäuser eingeladen wird, der hilft sich auf andere Weise. Aber, zum Donnerwetter," setzte er nach einigen Augenblicken, hinzu, „ich dächte, meine Cigarre wäre ausgegangen."

Woldemar freute sich, dies zu hören.

Er rauchte nicht nur selbst nicht, sondern mied auch, dafern es sich thun ließ, die Nähe eines jeden Rauchers, wie die eines Stinkthiers.

Wenn sein Nachbar nicht mehr rauchte, so hatte er, Woldemar, auch nicht zu fürchten, daß seine feine Balltoilette noch mehr verpestet würde, als dies bis jetzt geschehen war.

Diese Hoffnung erwies sich jedoch als eine trügerische und vorschnelle, denn der Mann mit der kräftigen Baßstimme griff in die Tasche, holte ein kleines Feuerzeug heraus und setzte durch Aufstreichen eins jener bekannten niedlichen Phosphorwachskerzchen in Brand, mit welchen man sich zur Noth drei Treppen hinauf= oder hinunterleuchten kann.

Sonderbarerweise machte er davon nicht den Gebrauch, der sich nach seiner letzten Aeußerung erwarten ließ, sondern schien das Licht blos zu dem Zweck angezündet zu haben, um Woldemar's Persönlichkeit genau in Augen= schein nehmen zu können.

Wenn ihm aber dies auf die eben er= wähnte Weise ermöglicht ward, so ward da= durch auch Woldemar in den Stand gesetzt, zu sehen, wie die beiden Unbekannten, die ihn so zuvorkommend mit in ihren Wagen genommen, eigentlich aussahen.

11*

Die Musterung, die er beim Scheine des kleinen Wachskerzchens, welches sein Nachbar in der Hand hielt, rasch vornahm, fiel jedoch keineswegs zum Vortheil der beiden Männer aus, mit welchen ihn der Zufall auf so unerwartete Weise zusammengeführt hatte.

Der mit der kräftigen Baßstimme, sein unmittelbarer Nachbar, war ein großer, riesiger Mann mit einem schwarzen Vollbart, der fast das ganze Gesicht bedeckte, sodaß von diesem weiter nichts zu sehen war als eine stark hervorragende Habichtnase und ein unheimlich funkelndes schwarzes Augenpaar.

Der Mann trug einen bis über das Kinn herauf zugeknöpften Ueberrock und einen weit in die Stirn herein gedrückten schwarzen Cylinderhut.

Sein Begleiter, der bis jetzt unbeweglich in einer Ecke des Vordersitzes gesessen und noch kein Wort gesprochen, war klein und unansehnlich, hatte brandrothes Haar und ein glattrasirtes unangenehmes Gesicht mit grünlichgrauen Blinzelaugen.

Dabei trug er einen ebenfalls bis an den

Hals herauf zugeknöpften dunkelfarbigen Ueber=
rock und einen niedrigen grauen Filzhut, dessen
breite Krämpe kaum gestattete, die Augen zu
sehen.

Der große schwarze Mann schien mit dem,
was er beim Licht seines Wachskerzchens sah,
besser zufrieden sein als Woldemar mit dem
Resultat s e i n e s Schauens.

Mit ganz besonderem Behagen weilten
seine schwarzen funkelnden Augen auf Woldemar's
schwerer Uhrkette und der Busennadel, deren
Werth die kleine, in dergleichen Dingen aber
erfahrene Tochter des Commerzienraths auf
fünfhundert Thaler taxirt hatte.

Sogar auf den bis jetzt so apathischen
Rothkopf in der Ecke schien der Anblick dieser
flimmernden Werthgegenstände eine aufstachelnde
Wirkung zu äußern, denn er bog sich ein we=
nig vorwärts, wie um dieselben genauer in
Augenschein zu nehmen.

Dem feinen Studenten ward es bei die=
sem auffallenden Benehmen seiner beiden Be=
gleiter etwas bänglich zu Muthe.

Er hatte natürlich ebenfalls von den in

der letzten Zeit wiederholt vorgekommenen Ein=
bruchsdiebstählen und Raubanfällen gehört und
gelesen, und die beiden Persönlichkeiten, mit
welchen er sich so in finsterer Nacht, auf den
vereinsamten Straßen und in einem geschlossenen
Wagen allein sah, hatten, wie er sich nun
überzeugt, ganz das Ansehen von Urhebern
nächtlicher Verbrechen.

Wenn ihm in dieser Beziehung noch ein
Zweifel beiging, so sollte dieser sehr bald be=
seitigt werden.

Anstatt nämlich mit dem brennenden Kerz=
chen die vorgeblich ausgegangene Cigarre wieder
anzuzünden, warf der schwarzbärtige Mann
beides zum Wagenfenster hinaus, schlug dann
dieses zu und drehete den Wirbel vor, während
der Rothbart wie auf Commando mit dem auf
seiner Seite befindlichen Wagenfenster dieselbe
Procedur vornahm.

Einen Augenblick später fühlte Woldemar
sich an der Kehle gepackt und vor seinen Augen
flinkerte etwas, was ihm eine blankgeschliffene
Stahlklinge zu sein schien.

„Wenn Sie einen einzigen Schrei von

sich geben, junger Mensch," sagte der Mann
mit der Baßstimme, von welcher er jetzt aber
einen sehr gedämpften Gebrauch machte, „so
sind Sie ein Kind des Todes."

„Aber was wollen Sie von mir?" stam=
melte Woldemar erschrocken und ohne einen
Versuch zur Gegenwehr zu machen, denn er
sah ein, daß eine solche völlig nutzlos sein und
er dann nur um so schlechter wegkommen
würde.

„Wir wollen," antwortete sein unheimlicher
Nachbar, „weiter nichts als was sie auf dem
Leibe tragen. Also rasch her damit! Wir ha=
ben nicht lange Zeit."

„Was ich auf dem Leibe trage?" wieder=
holte das zitternde Opfer der räuberischen
Strolche. „Sie meinen wohl meine Uhr und
Börse?"

„Diese allerdings, außerdem aber auch Ihre
Tuchnadel, Ihre Ringe und Ihre Kleider."

„Meine Kleider!" rief Woldemar entsetzt.

„Nicht so laut, Freund!" sagte der schwarz=
bärtige Riese, indem er Woldemar's Kehle noch
fester packte. „Ja, auch Ihre Kleider müssen

wir haben. Das Visitiren derselben würde uns zu lange aufhalten, denn wir haben, wie ich schon gesagt habe, nicht viel Zeit. Also her mit Allem! Greif mit zu, Schnappel!"

Der Rothkopf, welchem diese letzten Worte galten, leistete denselben sofort Folge und ehe fünf Minuten vergingen, saß Woldemar aller seiner Kleider — bis auf Unterhosen, Strümpfe und Tanzschuhe — beraubt da.

Sogar das Hemd riß man ihm vom Leibe, weil man sich nicht erst die Mühe nehmen wollte, die mittelst einer sinnreichen Vorrichtung darin befestigte Brillantnadel loszumachen.

„Aber," jammerte Woldemar, „in diesem Zustande kann ich doch nicht aus dem Wagen steigen?"

Der schwarzbärtige Riese lachte und entgegnete:

„Warum denn nicht? Es ist ja finster und kein Mensch auf der Straße. Wir sind nun ohnehin bald in der, welche Sie beim Einsteigen nannten, und wenn Sie uns Ihre Hausnummer sagen wollen, so werden wir Sie bis dicht vor Ihre Thür fahren."

„Aber meine Schlüssel!"

„Auch Ihre Schlüssel sollen Sie bekommen. Wo haben Sie dieselben hingesteckt?"

„In die Seitentasche des Fracks."

Der Räuber suchte so schnell, als es sich in der Dunkelheit thun ließ, an dem angegebenen Orte.

„Hier sind die Schlüssel," sagte er dann. „Damit Sie übrigens sehen, daß Sie es in uns mit billig denkenden Leuten zu thun haben, sollen Sie Ihren Frack zurückbekommen. Wie ich merke, steckt in den Taschen weiter nichts, als ein feines Tuch, welches ich behalten werde. Hier ist der Frack; ziehen Sie ihn rasch an, denn Sie werden bald aussteigen müssen."

Woldemar zog seinen Frack wieder an und bat dann, ihm auch seine übrigen Kleidungsstücke zurückzugeben.

Der Schwarzbärtige schlug ihm dies aber in barschem Tone rund und rein ab und setzte dann hinzu:

„Jetzt sind wir in Ihrer Straße. Also, welche Nummer hat Ihr Haus?"

„Fünfundzwanzig," antwortete Woldemar.

Der Räuber wirbelte das Wagenfenster an seiner Seite auf, bog sich hinaus und rief dem Kutscher zu:

„Vor No. 25. wird Halt gemacht!"

Gut!" antwortete der Kutscher, der mit den Strolchen jedenfalls unter einer Decke stak.

Droschkenkutscher besitzen in der Regel nicht blos die umfassendste Lokalkenntniß, sondern scheinen auch von der Natur mit Katzenaugen ausgestattet zu sein, denn sie wissen selbst bei finsterer Nacht die ihnen aufgegebenen Hausnummern zu finden.

Dies war auch mit dem, mit welchem wir es hier zu thun haben, der Fall.

Nachdem der Wagen noch zwei oder drei Minuten lang weitergerollt war, hielt er still.

Der Schwarzbärtige öffnete den Schlag von innen, packte dann Woldemar beim Arm, schob ihn etwas unsanft zum Wagen hinaus und raunte ihm, indem er ihn immer noch festhielt, in's Ohr:

„Wenn Sie sich unterstehen, Anzeige bei
der Behörde zu machen oder sonst Jemandem
zu verrathen, was Ihnen diese Nacht passirt
ist, so wird mein Dolch Sie zu finden wissen.
Das merken Sie sich!"

Nachdem der Räuber dies gesagt, gab er,
Woldemar loslassend, diesem zugleich einen
Stoß, daß er beinahe auf's Pflaster hingestürzt
wäre, schlug dann die Wagenthür mit lautem
Getöse wieder zu und der Wagen setzte sich so=
fort mit einer Vehemenz in Bewegung, als ob
die Gefahr, in aufgerissene Stellen zu stürzen,
mit einem Male nicht mehr vorhanden wäre.

VII.

Cora Fernbach, die ironische Tochter des reichen Sachwalters, hatte noch zwei ältere Schwestern, die ihr an Anmuth der äußern Erscheinung ebensowenig nachstanden wie an Hang zur Medisance und Spottsucht.

Ja, sie übertrafen vielleicht in beiden Beziehungen ihre jüngere Schwester, denn sie waren natürlich körperlich mehr entwickelt und besaßen mehr Erfahrung.

Trotz ihrem vortheilhaften Aeußern und trotzdem sich erwarten ließ, daß ihr Vater es an einer seinem Reichthum angemessenen Aussteuer nicht fehlen lassen würde, hatte sich doch bis jetzt für keine von beiden eine passende Partie finden wollen.

Der Verdruß hierüber hatte sie auch abgehalten, ihrem Vater zu dem Hochzeitsballe im

Hause des Commerzienraths zu begleiten, ob=
schon sie natürlich für ihr Nichterscheinen einen
ganz andern Grund angegeben hatten.

„Geh Du nur allein mit Papa, Cora,“
hatte die älteste Schwester zu der jüngsten ge=
sagt. „Du bist noch zu jung, als daß Du die
Braut beneiden könntest. Gieb aber gut auf
Alles Acht, damit Du uns, wenn Du wieder=
kommst, einen ganz genauen und ausführlichen
Bericht erstatten kannst. Wir werden wach=
bleiben und Dich erwarten.“

Cora versprach natürlich, etwas zu thun,
was sie auch unaufgefordert gethan haben
würde, und wir haben selbst gesehen, wie scharf
sie im Verein mit ihrer Freundin Adeline die
Vorgänge und Persönlichkeiten des Hochzeits=
balles beobachtete.

Ihre Schwestern hatten sich, um sich die
Zeit des Wachens und Wartens, die möglicher=
weise sehr lange dauern konnte, auf amüsante
Weise zu vertreiben, zwei ihrer besten Freun=
dinnen eingeladen, mit welchen sie bei einer
Tasse Thee und unter allerhand wohlwollenden
Gesprächen über Menschen und Zustände der

Heimkehr ihres Vaters und ihrer Schwester entgegensahen.

Diese Heimkehr erfolgte aus Anlaß des uns bereits bekannten Erscheinens der seltsamen Gratulanten im Hochzeitssaale etwas früher, als man erwartet hatte, und die Harrenden hörten nun von der witzigen Cora einen ausführlichen Rapport über Alles, was diese gesehen und gehört.

Es versteht sich von selbst, daß dieser Rapport den Zuhörerinnen eben so wie der jugendlichen Berichterstatterin selbst reichen Stoff zu einer Conversation gab, die, nachdem Papa Fernbach sich in sein abgelegenes Schlafzimmer und zur Ruhe begeben hatte, in immer frischeren Zug kam.

Die beiden eingeladenen Freundinnen waren ebenfalls Schwestern und wohnten in un=mittelbarer Nachbarschaft, so daß ihr Nachhause=weg ein ganz kurzer und, trotz der späten Stunde, höchstwahrscheinlich völlig ungefähr=licher war.

Mit ganz besonderem Interesse vernahm man, daß der Freund des armen blamirten

Eugen, der einem wandelnden Juwelierladen=
schaufenster gleichende Woldemar, hier in dem=
selben Hause wohnte und daß man sonach wahr=
scheinlich sehr bald Gelegenheit erhielt, diesen
interessanten Crösussohn von Angesicht zu
Angesicht zu schauen.

„Diese Gelegenheit," bemerkte Cora, „kann
sich noch heute Nacht darbieten. Allerdings
verließ Herr Blankenberg den Saal noch eher
als wir, that es aber, wie er mir beim Fort=
gehen zuflüsterte, in der Absicht, seinen Freund
zu trösten und nach Hause zu begleiten. Ich
fuhr wenige Minuten später mit Papa in der
Equipage des Commerzienraths hierher und
unser steinreicher Hausgenoß kann daher noch
nicht dasein. Wir brauchen deshalb blos ein
wenig aufzupassen, um ihn kommen zu hören.
Vielleicht hat er eine Nachtbroschke aufgegattert,
wahrscheinlicher aber ist es, daß er zu Fuße
kommt. Jedenfalls hören wir ihn das Haus
aufschließen."

„Ja," sagte eine der befreundeten Nach=
barinnen, „und wir, meine Schwester und ich,
machen uns immer zum Fortgehen fertig. So
bald wir das feine Herrchen kommen hören,

brechen wir auf, Ihr begleitet uns mit Lichtern und dann haben wir jedenfalls das Vergnügen, Herrn Blankenberg auf der Treppe zu begegnen und ihn, wenn auch nur im Vorbeigehen, in Augenschein nehmen zu können."

Mit diesem Feldzugsplan erklärte man sich allseitig einverstanden und die jungen Damen fuhren nun, in Erwartung des Schlußtableaus, bei welchem Woldemar Blankenberg als Hauptperson figuriren sollte, fort, sich die Zeit mit Gesprächen zu verkürzen, zu welchen ja Stoff in Hülle und Fülle vorhanden war.

Endlich hörte man einen Wagen die Straße heraufkommen und vor dem Hause Halt machen.

„Das muß er sein!" rief Cora aufspringend und griff nach einem der bereitgestellten Lichter, um es an der auf dem Tische stehenden Lampe anzuzünden.

Ihre beiden ältern Schwestern thaten dasselbe, die befreundeten Nachbarinnen erhoben sich ebenfalls und eine Minute später bewegte sich der Zug mit den Lichtträgerinnen an der Spitze die Treppe hinab.

Noch war man nicht am Fuße derselben angelangt, so öffnete sich die Hausthür und herein trat eine Gestalt, bei deren Anblick sämmtliche fünf junge Damen einen Schrei des Entsetzens ausstießen und auf die Seite prallten.

Der Eintretende war allerdings der Erwartete, aber in einem Aufzuge, der ihn nicht zum Sohn eines Cröfus, sondern eher zum Stiefkind eines Diogenes stempelte.

Ohne Hut, ohne Halstuch, nur mit Frack, Unterhosen, Strümpfen und Schuhen bekleidet stand er da.

Wir wissen, daß er auch kein Hemd anhatte, die jungen Damen aber gewahrten diesen entsetzlichsten aller Mängel nicht, denn Woldemar war, um denselben zu verdecken, auf ein überaus sinnreiches Auskunftsmittel verfallen.

Als der schwarzbärtige Räuber ihn aus dem Wagen hinausgestoßen hatte und dieser rasch weitergerollt war, hatte er, ehe er die Hausthür aufschloß, einen Blick nach den Fenstern der ersten Etagen emporgeworfen und bemerkt, daß zwei derselben noch hell erleuchtet waren.

Er muthmaßte natürlich sofort, daß Cora und ihre Schwestern noch wach seien, und obschon er nicht glaubte, daß er einer oder mehrern von ihnen auf dem Wege nach seiner Wohnung hinauf begegnen würde, so fand er es doch räthlich, sein jammervoll reducirtes Costüm so zu arrangiren, daß der Anstand wenigstens aus dem Gröbsten gerettet würde.

Noth macht erfinderisch und Woldemar bewies dies auf vortreffliche Weise.

Rasch zog er seinen Frack aus und sofort wieder an, aber verkehrt, das heißt so, daß die herabhängende Schöße nach vorn kamen.

Dann knöpfte er ihn so rasch und so gut es gehen wollte, den Rücken hinauf zu und hatte so eine Aehnlichkeit mit einem wilden Indianer, der die Skalps seiner Feinde vorn am Gürtel befestigt trägt.

Er hoffte inbrünstig, daß diese Vorsicht sich als überflüssig erweisen und er, ohne von Jemandem im Hause bemerkt zu werden, in sein Zimmer hinaufgelangen könnte.

Leider erwies diese Hoffnung sich als eine grausam trügerische, denn als er, nachdem er die Hausthür möglichst geräuschlos aufgeschlossen, in das Haus trat, strahlte ihm heller Lichter= glanz entgegen und begrüßte ihn ein fünffacher Schreckensruf von schönen Lippen.

Nur die möglichste Schnelligkeit der Be= wegungen konnte das Maß des Lächerlichen, dem er sich unrettbar verfallen sah, auf ein Minimum zurückführen, und mit einem krampf= haften, als ob noch die Faust des schwarzbär= tigen Riesen ihm die Kehle zusammenpreßte, heiser hervorgestoßenen „Guten Abend!" flog er an den ihm mit entsetzten Blicken anstieren= den jungen Damen vorüber, die Treppe hinauf und war im nächsten Augenblick verschwunden.

———————

Am nächstfolgenden Tage ward fast in der ganzen Stadt von weiter nichts gesprochen als von der seltsamen Scene, welche den Hochzeits= ball im Hause des Commerzienraths zum Schluß gebracht, und von dem noch weit seltsameren Aufzuge, in welchem Woldemar Blankenberg von diesem Balle nach Hause zurückgekehrt war.

Nicht im Stande, die Wucht des Spottes, der ihrer harrte, zu ertragen, verließen die

beiden feinen Studenten sofort die Stadt, um
auf einer andern Universität ihre Studien fort=
zusetzen und zu beenden.

„Gut, daß die beiden Patenthengste sich
gedrückt haben," sagte Rümpler, als er am
nächstfolgenden Abend wieder mit seinen Freun=
den auf der Kneipe beim Biere saß. „Solche
Zierbengel, die eine ganze Universität in Verruf
bringen können, sollten allemal auf diese Weise
ausgeschmiert werden."

Ende.